数字原生

Digital Natives

何宝宏———著

中国出版集团
中译出版社

图书在版编目（CIP）数据

数字原生 / 何宝宏著 . -- 北京：中译出版社，2023.9
ISBN 978-7-5001-7501-8

Ⅰ . ①数… Ⅱ . ①何… Ⅲ . ①信息经济 – 研究 Ⅳ . ① F49

中国国家版本馆 CIP 数据核字（2023）第 160689 号

数字原生

SHUZI YUANSHENG

著　　者：何宝宏
策划编辑：郭宇佳　于　宇　李晟月
责任编辑：郭宇佳　李晟月
营销编辑：马　萱　钟筱童
出版发行：中译出版社
地　　址：北京市西城区新街口外大街 28 号 102 号楼 4 层
电　　话：（010）68002494（编辑部）
邮　　编：100088
电子邮箱：book@ctph.com.cn
网　　址：http://www.ctph.com.cn

印　　刷：北京中科印刷有限公司
经　　销：新华书店
规　　格：710 mm×1000 mm　1/16
印　　张：20.75
字　　数：220 千字
版　　次：2023 年 9 月第 1 版
印　　次：2023 年 9 月第 1 次印刷

ISBN 978-7-5001-7501-8　　　　定价：79.00 元

版权所有　侵权必究
中 译 出 版 社

推荐序一

过去 30 年来，互联网的蓬勃兴起和不断迭代创新的数字化浪潮，深刻重塑了生产、生活和社会治理方式，从企业、社会组织、政府到每一位公民，无不置身其中。数字化和数字红利无处不在，在全球范围内推动了经济发展、社会进步和个人福祉，也带来了隐私保护、网络安全、信息茧房、数字伦理等一系列挑战，并在某种程度上放大了国家和群体间的发展鸿沟，数字能力成为影响国家竞争优势、企业核心能力乃至个人发展机遇的关键变量。

数字化浪潮依赖近百年来全球科学和工程的持续创新突破，得益于科学技术的进步，先贤们的数字化思想实验和理论建构到目前可以在技术和工程上进行大规模的验证和应用，从信息的感知、传输、计算、分析到物理世界的决策和行动，数字技术的每个版块似乎都已具备，从而推动了经济社会各个领域前所未有的数字化转型浪潮。

本质上，数字化转型与过去几十年已然发生的全球信息化浪潮一脉相承，都是信息通信技术驱动的范式变革。对企业和行业而

言，是技术驱动的转型升级过程；对国家而言，是通用目的型技术（GPT）驱动的经济社会变革历史进程，如同一个多世纪以前的电力革命一样。以数字技术创新突破及其与制造、能源、生物、材料、航空航天等领域的深度融合，正驱动引领全球第四次工业革命的深入发展。

从实践的角度来看，当前阶段的数字化有一个显著的新特征，即以数据作为关键要素，以信息通信技术与各个行业的全面融合为主线，通过变革创新范式和优化资源配置方式，实现效率提升、价值增长、敏捷性与创新，从而提升全要素生产率，实现生产力的根本进步。微观层面，数字化转型将变革组织、流程、决策和行动模式；宏观层面，数字化转型将重组全球要素资源、经济结构和国家竞争优势。

数字化转型还只是序幕，数字化发展的特征、形态、规律还在不断快速迭代变化中，而数字原生成为数字化的新阶段和重要方向。数字原生目前还没有很精准的定义，大体上指天生具备"数字基因"，将互联网、大数据、人工智能、云计算、物联网等数字技术与企业组织形态、业务模式、管理流程、技术架构等深度融合的一种思维理念和行动方式。如同 2000 年以来，成长在数字浪潮下的新一代青年先天就具有很强的数字思维和数字技能（因而也称之为数字原生代或数字原住民，Digital Natives）一样，国内外一批创新性的企业和组织，如新能源汽车、跨境电商、消费品企业等，自诞生之初，就主动将数字理念充分融入企业文化、商业模式和决策机制的建设与塑造中，因此，即使是在传统的业务赛道，也形成了创新性的产品与业务模式，实现远超传统企业的生产效率和企业价值，不断重塑行业传统格局和发展范式。

中国信息通信研究院秉承"国家高端专业智库、产业创新发展平台"的使命定位，一直致力于推动我国数字技术产业创新和经济社会数字化发展转型。多年来，在政府各级领导的指导和产业界的支持帮助下，我们的研究成果有幸支撑和推动了工业互联网、智能制造等工业领域的数字化转型实践，并扩展到能源、医疗、金融、教育等领域的数字化、网络化、智能化转型变革中。

何宝宏博士的《数字原生》是对数字化发展实践和趋势的最新洞察和思考，作者选择了一个宏大并跨越历史时空的视角，但又以其一贯的简洁幽默风格，梳理了从数字革命到数字原生新阶段的发展历史、重要领域和基本规律，读者能够在轻松的阅读氛围中概览数字化波澜壮阔的发展历程，并引发对当前和未来发展方向的启发和思考。我与何宝宏博士共事二十余年，他编著的《风向》等畅销书和通过公众号"何所思"对产业技术观察思考的分享广受好评，相信这本《数字原生》也能够为大家带来更多、更新的启发。

中国信息通信研究院院长

余晓晖

2023 年 7 月

推荐序二

当前,经济社会数字化转型已经成为不可阻挡的历史潮流。2023年2月,中共中央、国务院印发的《数字中国建设整体布局规划》明确指出,建设数字中国是数字时代推进中国式现代化的重要引擎,是构筑国家竞争新优势的有力支撑。加快数字中国建设,对全面建设社会主义现代化国家、全面推进中华民族伟大复兴具有重要意义和深远影响。

数字经济在驱动经济社会高质量发展中的作用日渐凸显,以数字原生为代表的新概念、新技术、新模式受到前所未有的重视与关注。业界认为,数字原生具有颠覆性力量,它不仅将重塑企业数字化转型的路径,还将重构市场格局,甚至重塑人类认知。在这一背景下,《数字原生》一书的出版具有特殊的意义。

《数字原生》一书不仅对"数字原生究竟是什么""数字原生来自哪里""数字原生将走向何方"这三大终极问题进行了解答,同时还从软件、数据、算力、AI、Web3、元宇宙等技术和应用入手,深入分析了数字原生已经带来和即将带来的机遇和挑战,描绘了数字

原生时代的场景，为更多企业和行业加快数字化转型、制定面向数字原生时代的战略规划提供了参考。

《数字原生》一书还从人类发展的视角，提出了"数字原生代已经长大了"这一观点，指出"数字移民主导数字化转型，数字原生代主导数字原生"。人的需求是人类发展的原始动力，人是推动社会历史发展的主体，当"主导者"发生变化，市场竞争的游戏原则、生产生活方式都将发生变化。

那么，数字原生时代究竟会带来哪些改变？传统企业如何加快数字化转型步伐？数字原生企业如何构建新优势？我们每一个人又将如何用数字原生的方式思考和生活？

或许，我们可以在《数字原生》一书中找到答案。

工业和信息化部
新闻宣传中心总编辑
王保平
2023 年 7 月

前 言

本书的逻辑起点有：第一，数字化转型的终点是数字原生；第二，数字化转型的主导力量是数字移民，而数字原生的主导力量只能是数字原生代；第三，数字原生代现在已经长大了。

"数字原生代"一词诞生于21世纪初，指那些从小就生活在数字化环境中，天然地对计算机、智能手机和互联网等有亲近感的一代人。数字原生代多出生于20世纪80年代末及之后，他们的娱乐、社交、学习、购物和工作等活动，绝大多数发生在数字世界里。这代人将数字语言视为"母语"，将数字世界视作平常而不是高科技，会显得比较"宅"，多擅长多任务处理。

数字原生代的概念一经提出，就深受"数字移民"的欢迎，特别受数字原生代的家长和老师，以及心理咨询师的欢迎，成了这些数字"前浪"与数字"后浪"对话的理论依据和工具。"数字移民"是一个与"数字原生"相对的概念，指那些成长于印刷机时代和电视时代的人，只是他们后来才迁徙到了数字世界。

经过20多年的发展，"数字原生"的概念得到了极大的丰富。一方面，从数字原生的一代或几代人扩展到更多领域和场景；另一方面，数字技术的社会角色也从辅助性的配角升级到了基础性的"C

位"。最后，产生了不同以往的数字原生的思维和文化。

一是从数字原生的应用领域看，数字原生的概念从"原人"开始，已经进化出了原生应用软件、原生企业形态、原生信任方式和原生经济结构等数字世界所独有的新物种了。这些新应用和新场景彼此相互作用，共同构成了数字世界的原生风貌。

二是从数字原生的技术角色看，数字技术已经从充当了20多年的"辅助工具"转变为"基础设施"，数字已经成为社会生产生活的基本因素和基础工具。传统的软件、数据和算力等所扮演的角色发生了根本性变化，新兴的区块链、Web3、元宇宙和AIGC等技术为数字原生世界注入了新动力。

三是从数字原生的文化和思维方式看，它是以数字化、智能化、开放化、生态化和用户中心等基本理念为指导，特别强调创新性、数据驱动、协同合作、用户体验和敏捷迭代等。数字原生的思维是数字化转型的必要条件，是数字世界中人类思维方式的一次深刻变革，也为人类思维方式的升级提供了新的思路和途径。

简言之，数字原生的世界以数字技术为基础，以数字化转型为起点，以算力为引擎，以数据为要素，以构建新型组织形态、商业模式、用户体验和价值体系等生态为目标，从而提高业务效率和质量，提升用户体验。

历史上新技术的推广和使用一般都会经历原始应用、技术化转型和技术原生三个阶段，数字技术应该也不会例外（见图0-1）。

在技术应用的这一阶段，新技术的使用会相对原始，经常会被当作一项新工具直接简单应用，以帮助人们提高效率等。这一阶段的核心作用，是用来证实新技术是有价值的。

技术在经过一段非常原始的应用方式时期后,市场变得繁荣起来,技术的应用范围会从小众市场扩大到大众市场。这时,应用的广度有了,但技术应用的深度还不够,因为限制新技术发挥更大作用的文化、组织和管理等因素还很多,技术的简单应用已经无法进一步提高效率了,需要对技术应用的环境做些改变了,于是技术化转型开始了。

经过多年的技术化转型和应用后,新技术已经不能再被称为新技术了,而是成熟技术,技术应用最终会发展到社会化普及阶段。在这一阶段,一方面,为了进一步降低成本,大规模建设可以共享基础资源的新型基础设施就显得尤为必要;另一方面,业界探索出能够更好地发挥新型基础设施价值的应用类型、企业组织形态和价值传递模式等,这已经是在新型基础设施上原生出的新业态了。这时,所有应用从一出生就是新技术原生的了,而需要做技术化转型的"古老"应用,已经越来越稀少了。

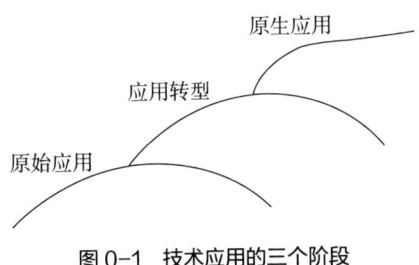

图 0-1 技术应用的三个阶段

到了技术原生代的孙子一代,他们就根本不会认为爷爷辈儿做的是高科技了。这时,新技术老化成了基础性技术,沉淀成了新型基础设施,化为日常生活的一部分,并且孕育着新一轮的技术革命。这时,已经没有需要转型的了(要么成了,要么没了),几乎都是原生的了,原生已经成为一种习惯性力量。

数字化转型的主导力量是数字移民，数字原生世界的主力军只能是数字原生代。但现在，数字原生代已经长大了，拥有了越来越多的话语权，正逐步取代数字移民成为数字社会的中坚力量。数字世界是属于数字移民的，也是属于数字原生代的，但归根结底是属于数字原生代的。

转型的终点是原生。

在过去，生命的生存考验主要来自对自然环境变化的适应性。而现代，生命的生存考验主要来自对技术环境变化的适应性，尤其是对以 AI 等为代表的数字技术的适应性。在过去，一门新技艺经常会存活几代人的时间，而数字时代的人在一生中会经历 2—3 次重大技术变革。拥抱数字化转型，迈向数字原生，类似于生物意义上的进化，是为了在数字环境下的"适者生存"。

技术即环境，转型为适应。

从年龄的角度看，我属于数字移民，但三十多年来，我一直从事着计算机方面的学习和研究工作，比所有数字原生代更早接触和学习了计算机和互联网等方面的知识，我可能也比绝大多数的数字移民更了解和亲近数字技术，更理解数字原生代的一些想法。因此，我自诩是一个从数字移民"穿越"到数字原生代的一类人，是数字友好型的。

远眺未来的数字原生态，希望有助于读者，走好当下的数字转型路。

何宝宏

2023 年 7 月

目　录

第一章　**从无马马车到数字原生**

从无马马车到汽车 003

生产线的电力化转型 006

错过再等 100 年 008

像云计算那样的电力基础设施 010

"不三不四"的当下 013

从转型到原生 017

数字原生代已经长大了 020

互联网原生 022

第二章　**"原始"信息世界**

印刷术革命 029

邮政的分野 032

会说话的机器 034

会移动的图片 037

电报的遗产 040

电话改变世界 044
从无线电到移动通信 046
数字化浪潮 047
人类上钩了 050

第三章　软件：数字原生世界的开端

让世界可编程 057
软件的商业化 060
软件的工程化 062
移动原生 App 066
云原生应用 067
对软件的再认识 070
开源不卖代码卖什么 073
开源的蔓延 075
软件原生的世界 080

第四章　数据：数字世界的原材料

资产的数字化 087
数据的资产化 088
数字资产的天敌 090
结构化数据与数据结构化 095
流通新业态 098
数据危机 102
信息也噪声 109
以数据为中心 110

第五章　算力：数字世界的动力源

从存力、运力到算力 115

算力是"三次能源"..121

数据中心就是计算机..123

让计算像行云般丝滑..125

算力的网络化...127

原生的芯片...128

算力成熟度...133

第六章 人工智能：为数字世界赋智

从伊莉莎到 ChatGPT...139

AIGC：从判定式 AI 到生成式 AI................................142

大模型：从百花齐放到一枝独秀................................145

提示工程：问题比答案更重要....................................148

编程的演进...149

AI 原生，AI 优先..152

争论：革了谁的命..154

第七章 Web3：链上原生

互联网抗核打击吗..159

互联网的新岔道..163

Web3 是什么...167

数据要素的双向奔赴..171

被遗忘的企业间市场..178

数字钱包：网络新入口...181

NFT：创新与泡沫..183

DID：身份的解放..186

DAO：可编程组织...190

数字资产的类别..191

| III |

第八章　元宇宙：数字原生的集大成者

科幻与科技 197

前端与后端 202

元宇宙的入口 204

数字人：让数字生命可视化 207

绕不开的游戏 212

新图灵测试 216

跨越三界 218

理想与现实 220

技术可行性 221

生物性隐私 223

身心问题 224

社会问题 226

第九章　数字原生企业

数字原生企业 231

大厂管理的扁平化 234

共建共享的开源组织 236

分布式的自治组织 237

通往原生之路 239

第十章　数字原生信任

通信中的信任 246

让科技值得信任 251

用科技创造信任 253

零信任与"负信任" 255

隐私计算的可用不可见 258

隐私工程：DevPriOps 262

信任的异化 264

第十一章　数字原生经济

数字化治理 272

总是技术来背锅 273

数字公共品 276

创造数字稀缺性 277

信息不对称 279

开源经济学 280

边玩边赚 282

加密经济学 283

经济学 2.0 285

第十二章　技术周期性

短周期（3—5 年）.. 292

次周期（7—10 年）.. 293

中周期（25—30 年）.. 295

康波周期（50—60 年）.. 296

炒作周期 298

监管周期 302

后　记 309

第一章
Chapter 1

从无马马车到数字原生

我只想雇用一双手,但却不得不雇用一个人。
——亨利·福特(Henry Fort)

电力是工业化的关键。
——尼古拉·特斯拉(Nikola Tesla)

互联网是我们这个时代的人类神经系统。
——蒂姆·伯纳斯-李(Tim Berners-Lee)

技术性转型一直就有，不只是数字时代才有。历史上，每当出现重大的技术发明，就会引发一次大规模的技术性转型。重温过去的技术转型史，有利于走好未来的数字化转型路。在过去200多年的工业革命中，对数字化转型具有重要参考意义和最具代表性的技术化转型，就应该是汽车产业了。

从无马马车到汽车

汽车最早被称为"无马马车"，是从马车这种常见运输方式中去除了关键事物——马——来命名的，这是一种常见的命名方法。当一项新事物刚诞生时，人们经常会困惑于对新生事物的理解。借用父辈名字或打比喻的方式，简洁描述新事物最显著的特征，可以让大众从新奇中找到熟悉感，缩小创新与大众的距离感，增强亲近感。以至于后来，采用过渡性术语命名新事物的这种方式，被称为"无马马车思维"。

当蒸汽机革命到来时，交通业开始了运输工具的"蒸汽化转型"：用蒸汽机取代马来拉车。世界上第一辆可以工作的蒸汽动力车辆，很可能来自中国耶稣会传教团的费迪南德·韦尔比斯特（Ferdinand

数字原生

Verbiest），他在1672年左右设计了一个65厘米长的模型玩具，专供康熙皇帝使用，只是它还无法搭载司机或乘客。

这种用蒸汽机做"外燃机"的时代，会被当作汽车翔实历史的一部分，但今天的汽车主要采用内燃机作为动力，因此，汽车简史一般从内燃机时代说起。虽然都是"汽车"，但外燃机时代的"汽"是蒸汽，内燃机时代的"汽"是汽油。

蒸汽驱动的汽车以马车为原型，还没来得及做更多的转型，也没来得及自己独立发展，（蒸）汽车产业就进化到由内燃机驱动的汽（油）车时代了。

一项重要的技术发明和持续改进，往往会持续很多年，而历史所记录或宣称的发明家，往往只是最后一个做出了重大贡献的人。在技术和商业史上，充斥着没有在自己的发明中挣到钱的发明家，因为在实现重大发明和最终变成商品之间，总是存在着数年的时间鸿沟。

詹姆斯·瓦特（James Wait）、亚历山大·贝尔（Alexander Beu）和托马斯·阿尔瓦·爱迪生（Thomas Alva Edison），被广泛认为是蒸汽机、电话和电灯的发明者，与他们在商业的巨大成功有着密切联系。事实上，瓦特蒸汽机是对纽曼蒸汽机的改进，贝尔之外的很多人曾宣称发明电话的荣誉应该归自己，在爱迪生之前至少有23位白炽灯的发明家。汽车业也类似，公认的现代汽车发明者是德国人卡尔·本茨（Karl Benz），因为他在商业上取得了成功。

本茨在1886年为他使用内燃机的车辆申请了专利，在公共道路上进行了第一次成功测试，并且开始推广销售自己的奔驰车。卡尔·本茨的汽车是在马车车身上安装了一台内燃机，整个车身还是马车的篷体结构造型，并且以木质材料为主。

后来的汽车逐渐摆脱马车的形制，开始有了自己的样式、材质、控制和安全系统等，完全没有了马车当初的模样。但由马车定义的1 435毫米的汽车轮距的通用标准，一直延续到了今天。

《汽车工业》是世界上历史最悠久的、专门从事汽车制造业务的出版物，它在1895年11月创刊时的名字就是《无马时代》。那时汽油、蒸汽和电力都在争做汽车的驱动力。到1909年7月，这场汽车动力的"三力"之争尘埃落定后，杂志也就跟着更名了。

英语中的"汽车"一词car来源于拉丁语，最初是指任何轮式马拉车辆，如手推车或马车。英式英语中汽车的正式名称还有"带发动机的车辆"（motor car）和"自动行驶的车辆"（autocar）。美式英语中的汽车（automobile）是希腊语中的"auto（自己）"和拉丁语中的"molif（会动的）"构成的复合词，本意是"自己会动的"。于是后来的英文词典中，mobile就多了个"汽车"的释义。但现在，China Mobile却是一家移动通信企业，而不是"中国汽车"有限责任公司。mobile的核心指代从早年的汽车转变成手机，这恰恰暗合了移动通信时代的汽车，将会是个"大号手机"的说法。

从19世纪80年代到20世纪初的短短20多年里，汽车业产生了超过10万件发明专利，这种不断迭代的过程，妥妥就是一个"互联网思维"的汽车版。汽车业的重大技术创新持续了大约20年，到1910年后，彻底摆脱了马车原型的束缚，技术创新趋缓，产品基本定型。

随着汽车的基本定型,接下来的汽车业需要将天赋点加在另一条分支上,即如何大规模低成本生产制造出更多、更便宜的汽车,来扩大汽车消费市场规模,让消费群体从贵族和富人走向平民化,让中产阶级也买得起汽车。

汽车业从 19 世纪末到 20 世纪初的短短 30 年里,经历了两波重大变化。第一波是以内燃机为代表的技术革命,解决了汽车的可行性问题,是从 0 到 1 的原始创新;第二波是以福特流水线为代表的工程和管理革命,解决了大规模生产的问题,是从 1 到 100 的产业化创新。(见图 1-1)

图 1-1 从 19 世纪末到 20 世纪初的 30 年里汽车行业的两次革命

电力对汽车革命有过两次重大影响。第一次是 20 世纪初,将电力用于驱动汽车生产制造的流水线,福特用电力去驱动生产汽车的流水线,淘汰了原本的蒸汽动力;第二次是在 100 年后的 21 世纪初,新能源车用电力驱动汽车,正在淘汰原本的燃油动力。

生产线的电力化转型

与所有新技术、新产品的发展历程类似,汽车业发展的第一阶段已经成功证明,制造一辆实用的汽车是可行的。虽然业界还在持续改善汽车的安全性、可靠性、舒适性、便利性和能源转换效率等，但亨利·福特敏锐地发现，汽车制造业的主要矛盾已经悄然发生了变化，变成了汽车的产能有限且价格昂贵，导致消费群体无法进一步扩大。

亨利·福特不是第一位探索大规模生产经济实惠汽车的人，不是第一位将装配线用于大规模生产和可互换零件的人，也不是流水线的发明人，但他在1913年建造了世界上第一条可移动的汽车装配线。

福特流水线以"配件移动人不动"为原则重构了生产流程，让配件在流水线上移动，将每个工人分配到一个固定位置，不让工人四处游荡（这也大大降低了工伤率）。这条汽车装配线让福特汽车的生产率提高了8倍，装配每辆车的人力从12小时30分钟下降到了1小时33分钟。所有的福特汽车都漆为黑色，因为黑漆干得快。

我们今天讨论福特时，强调更多的是他在企业管理方面做出的突破，但这其实是汽车制造业从蒸汽驱动到电力驱动的一次"电力化转型"。早期汽车制造用的是蒸汽机（甚至水车），但蒸汽动力在稳定性、传输距离、可靠性和精准可控性等方面均有不足。当用于挖矿、棉纺业、肉类加工等生产制造行业时，蒸汽动力还可以满足这些场景的需求。但汽车是个精密机械，需要更加精准和可靠的控制动力。流水线的生产方式会极大地拉大生产距离，而这是蒸汽动力传输所无法支撑的。

早在1893年芝加哥世界博览会时，爱迪生和特斯拉、威斯汀豪斯的电力大战就已经落幕。在那之前的20年里，美国已经搭建起了

电力网络。亨利·福特非常敏锐地捕捉到了电力和电力网络的发展对汽车制造业的转型意味着什么。

可以说,福特流水线是汽车制造业"电力化转型"的成果,是电气时代原生出的汽车制造新方式。福特流水线的成功案例,不仅适用于更多的汽车制造企业,而且还被汽车业之外的其他工业制造业纷纷效仿和移植,成了工业时代的象征。

从蒸汽时代到电力时代,不是一次简单的技术替代和升级,而是一次管理、流程和社会层面的全方位转型,这一变革在汽车制造领域率先成功并得到了推广。亨利·福特是"电力化转型"的成功代表,流水线是电力化转型的成果,是"电气原生"的新一代生产方式。流水线不仅用于汽车制造业,更是被推广到整个工业制造业,并由此而催生了现代管理学等新理论。

错过再等 100 年

根据隆德大学 2021 年发表在《自然能源》杂志上的一项研究,电力基础设施不足是美国汽车制造商在 20 世纪初期选择汽油汽车而非电动汽车的关键因素。当 20 世纪 30 年代,富兰克林·罗斯福实施新政,能够满足驾驶汽车的充电自由时,对汽车制造商来说已经为时太晚,他们早已选定了汽油车的技术路线。如果电网的普及能够提前 15—20 年,那么大多数汽车制造商很可能会选择电动汽车。

当然,汽车能走向燃油技术之路,其他因素也发挥了作用。历史学家发现,电动车被称为豪华车和"女性车",而汽油车被视为

"冒险车",后者对男性消费群体很有吸引力。这迫使电动汽车最后进入了豪华利基市场,更适用于城市环境。

虽然后来的电力基础设施早就完全有能力支撑起发展电动汽车了,但走过路过错过电力驱动后,电动车的"满血复活"却已是100年以后的事情了。

新能源车瞄准的是车辆的驱动力,指采用非常规的车用燃料作为动力来源,或使用常规的车用燃料但采用了新型车载动力装置车辆作为驱动力的车辆。但从它的名字来看,命名者显然还困惑于对新能源汽车的理解,将其视作"非常规燃料的汽车",或者说"无汽汽车"。

智能网联汽车瞄准的则是车辆的控制系统。智能网联汽车是指通过车联网技术将汽车与互联网连接起来,实现车辆与车辆、车辆与基础设施、车辆与行人之间的信息交互和数据共享。其中,无人驾驶是指汽车在没有人类驾驶员的情况下也能够自主行驶,这是把焦点进一步放到了对车辆控制系统的控制"模块"上,即驾驶员身上。"无人驾驶"通过传感器和人工智能等技术可以感知周围环境,分析数据,做出决策并执行操作等,但从它的命名看,与"无马马车"类似,仍然是一种典型的"无马马车思维"。

新能源车为智能网联汽车和无人驾驶提供了更可持续的动力系统,减少了对传统燃料的依赖,同时也为电动化和自动化提供了更好的基础。智能网联汽车为无人驾驶提供了数据交互和通信基础,使无人驾驶系统能够获取实时的路况和环境信息,提高自主决策的准确性和效率。无人驾驶技术的发展也推动了智能网联汽车的进一步发展,使得车辆能够在自动驾驶和人工驾驶之间切换,提供更灵

活的驾驶模式。

当前，新能源、智能网联汽车和无人驾驶汽车等虽然已经具有新原理、新结构和新技术，但车架、样式、材质、安全系统、道路和交通规则等还都束缚于传统燃油车的各种做法和管理体系，束缚于"无汽汽车"和"无人驾驶"的思维方式，还处于艰难的"新能源转型"和"智能网联转型"中。

时代呼唤，数字原生的车辆。

像云计算那样的电力基础设施

21世纪初，当云计算刚刚问世时，有一个著名的宣传口号是"像水、电一样的计算服务"。它传递的含义是云计算具有类似水电的特点，能够提供可扩展的计算资源、资源共享和按需使用、灵活计费等优势，使用户能够根据需求快速获取和使用计算资源，降低了成本和管理负担。

电力是现代社会运行所必需的基础设施之一，算力是数字社会运行所必需的基础设施之一。云计算、边缘计算和智能计算等算力网络的目标，就是成长为像电力那样的基础设施。只是从成熟度看，算力比电力晚了大约100年。前面一节已经讲到，100年前电力基础设施发展得相对滞后，让汽车业走上了燃油动力的道路。这是因为，从发明、大规模制造到大规模基础设施建设，从来都不是一件容易的事情。

爱迪生与特斯拉的故事为业界津津乐道，但这两位"大神"对电力的主要贡献是技术发明，证明了全流程建立电力系统是可行的。

接下来就是产业化阶段了，需要大规模建设发电站、变电站、传输线路和用户配电线等基础设施，实现电力的生产、传输和配送等。另外，作为一种具有天然垄断属性的公共品，还要配套建立起安全性、可靠性、互联互通和价格管制等的监管体系。

在19世纪80年代，电力的主要竞争对手是蒸汽、液压和煤气。其中煤气是电力最主要的竞争对手，因为电力早期的唯一用途与煤气完全重叠，都只是照明。在这场爱迪生的电力白炽灯和传统煤气灯的竞争中，煤气很快就败下阵来。

在爱迪生与特斯拉的"电力之战"技术后，紧接着电力公司纷纷转向集中供电方式，大规模建设发电、配电和管理系统，以充分利用规模效应降低成本，触及更多用电户。

在把电力基础设施化的过程中，有以下几项重要工作。一是培养多元化的用户群体，通过用电的削峰填谷来降低电价。二是推出两部制定价模式，一部分用于收回发电和输电的固定成本；另一部分用于收回发电所消耗的煤炭等可变成本。三是购买和安装更大更好的发电与输电设备。四是持续完善电力价格管制制度。这样做的结果是美国2000年的电价相当于1900年的1/200。

从水力到蒸汽动力的转变，使得工厂无须再依水而建，可以建在远离用户但距离员工更近的地方。而特斯拉的交流发电机和电力网络，为人们重新设计工厂创造了条件，工人不必再被拴在地下室的蒸汽机旁，工厂要考虑的核心问题从动力来源变成产品制造。蒸汽时代是以动力为中心的生产革命，电力导致了以产品为中心的工厂革命，数字技术正在促使以用户为中心的体验革命。

在爱迪生发明灯泡用于照明之后,电力很快出现了一些新用途。一方面是在风扇、面包机、吸尘器和吹风机等上面的应用,已有的各种传统器具做"电力化转型",用电力取代人力和蒸汽动力。另一方面是催生出了空调、微波炉和电视,以及后来的计算机和互联网等,这些只有电力时代才可能存在的各种用电设备,就是"电力原生设备"。(见图1-2)

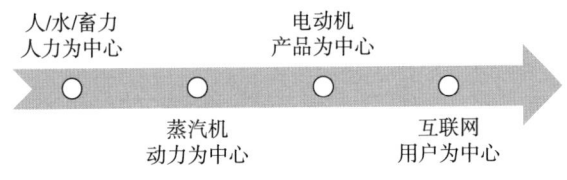

图1-2 价值中心的变迁

电器的发展带来了新问题。各种家用电器在取电时,只能连接到爱迪生式的电灯灯头座上,这就必须用螺钉连接插头替换灯泡,或者安装额外的电灯插座。随着灯头取电方式的各种风险频繁暴露,哈维·胡贝尔(Harvey Hubbell)在1904年发明了更为方便的墙壁两芯插头/插座,可以让任何电器都非常方便、安全地取电。但因为成本等因素,它并没有很快被推广应用,而电灯灯头取电的方式被一直沿用到20世纪20年代,直到发生了一次重大触电事故,才导致了现代插座的大规模发展。(见图1-3)

但由于材料技术、安全保护和经济性等因素,以及在地理、历史和政治等方面的考量,直到今天,全球墙壁插座仍然没有得到统一。现代墙壁插座平行双扁式、双孔粗圆式、双孔细圆式、三孔粗圆式、双扁八字式、一纵双横三角式等至少15种,以至于万用插头成了跨国旅行的必备神器。而现在算力网络的"算力插头",也已经遇到非标准化的类似尴尬。

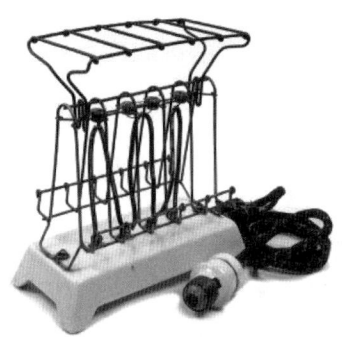

图 1-3　世界上第一个商业化烤面包机(注意插头)

图片来源:SPARK 博物馆

当电灯刚出现时,用电照明是富人身份的标志,穷人照明还是得用普通的蜡烛。但随着电灯照明变得无处不在和非常廉价,蜡烛就成了奢侈晚餐的经典标志,穷人的晚餐只能是用电力照明了。

"不三不四"的当下

电力是一场技术革命,带来了电力时代。

技术革命指在某个较短时间内,一组新技术加速取代了传统技术。技术革命不仅会提高生产力和生产效率,带来的变化不仅是工具和物质层面上的,而且在教育、管理、金融、交流和科学研究方法等社会层面也会重塑生产关系和文化形态等。

有资格被称为革命性技术的,至少要具备以下三个基本特征。

一是在相当长的时期内（至少几十年里），相关技术持续产生，绵延不断，并且这些技术不是孤立的，而是彼此依存、相互促进和迭代演进的。

二是技术革命可以使生产的可能性边界向外转移，比如，能够低价地利用新资源，诞生新产品和新流程等，产生新的增长引擎。

三是产生了很强的外部效应，技术的持续渗透和应用会导致全社会进入相对多变的"技术化转型"状态，并且最终进入"技术原生"的相对稳态。

轮子、铁器、造纸术和印刷术等发明，都对人类历史的进程产生了重要影响，但这些技术革命并没有被称为工业革命，而是"原始技术产业革命"。只是在最近200多年里发生的技术革命，才会被专门称为工业革命，并且现在已经发展到第四次了。

第一次工业革命发生在18世纪末和19世纪初，代表性技术包括纺织品、蒸汽动力、炼铁和机床等。轧棉机将从棉花中去除种子的生产率提高了50倍，由蒸汽或水驱动的机械化棉纺使工厂的产量增加了约500倍，蒸汽机将燃料的使用效率提升了5—10倍，轧机比锤打熟铁快15倍。用焦炭代替木炭当燃料，大大降低了生铁和熟铁的生产成本。机床使大规模生产制造精密金属零件，在经济上成为可能。

需要注意的是，虽然蒸汽革命爆发于18世纪，但直到19世纪后期的1870年，蒸汽机所做的工作才开始超过了动物和人类的力量。这一时期，也出现了现代工厂、城市化、人口增长和环境污染，以及妇女地位、劳工组织、扫盲运动和民族主义等现象。

第二次工业革命发生在19世纪70年代到20世纪前20年，代表性技术包括内燃机、汽车、石油、钢铁、铁路、合金、化学品、肥料、电力和通信技术等。卡尔·本茨于1888年夏末，开始销售历史上第一辆商用汽车；亨利·福特生产的T型车价格从1910年的780美元下降到1916年的360美元；电报得到广泛使用，电话的发明加速了商业交易，无线电开始商业化。

电气化被美国国家工程院称为"20世纪最重要的工程成就"，20世纪是电力开始得到广泛应用的一个世纪。这一时期，也诞生了拉尔夫·W. 泰勒（Ralph W. Tyler）的现代企业管理，大规模标准化生产的流水线，发明和创新从经验和个人模式走向了基于工程和科学的协同创新。

第三次工业革命发生在20世纪70年代，并延续至今。这一时期虽然在原子能、航天、分子生物学和遗传工程等领域取得了一些重大突破，但最具代表性的技术革命发生在信息领域。驱动信息革命的数字技术，又以数字逻辑、半导体和集成电路等基础性技术，以及由此而衍生出来的计算机、微处理器、蜂窝网络、互联网、Web和手机等应用型技术为代表。

即使是在PC和互联网已经应用了多年的20世纪80年代，很多人依然预测21世纪属于航天、原子能和生物。正如风险投资家彼得·蒂尔（Peter Thiel）在2013年对这个时代的评论："我们需要的是一辆会飞的汽车，得到的却是140个字符。"这一时期，数字技术彻底改变了个人和企业的互动关系，开始重组全球要素资源和重塑全球经济结构。数字革命对社会和文化层面的影响已很显著，但还缺少系统性的社会思想和理论做出令人信服的解释。

第四次工业革命或"工业4.0"的概念，是在2013年4月德国汉诺威工业博览会上正式推出的，并于2015年由世界经济论坛创始人兼执行主席克劳斯·施瓦布（Klaus Schwab）等推广的。工业4.0预期会由人工智能、生命科学、机器人、新能源、新材料等一系列创新组成，将会模糊物理世界、数字世界和生物世界之间的界限。贯通这"三界"并且无处不在的元宇宙，将改变人类体验和了解外部世界的方式。克劳斯·施瓦布甚至断言，这次革命的变化不仅会是效率的提高，也是工业资本主义的重大转变。

还无法确定当下所处的阶段是第三次工业革命的尾声，还是第四次工业革命的起步，又或是还处于第三次和第四次之间的低迷期。目前是一种从第三次到第四次的"变态期"，一种"不三不四"的转型换挡期。这次转型不可能"朝发夕至"，也做不到"朝三暮四"，作者预估会持续20—30年。（见图1-4）

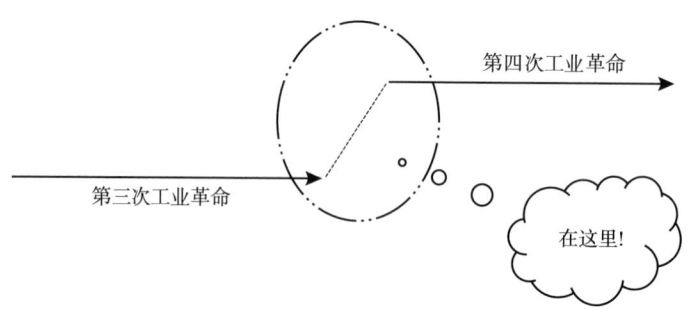

图1-4 "不三不四"的当下

现在，是一个数字化转型与数字原生的并存阶段。一些观点将大数据、人工智能和XR等新一代信息技术驱动的数字化转型理解成就是第四次工业革命，这显然是值得商榷的。主要依靠数字技术的进步和应用是不足以拉动新一轮工业革命的，只能算作是第三次工业革命的延续。

数字技术在第四次工业革命中的最大变化，应该是从"显学"和相对独立存在的状态化为无形，深度嵌入整个社会、经济和文化中去，"大隐隐于市"。这一时期，数字技术将不再是高新产业了，而是"飞入寻常百姓家"，成为新型基础设施的一部分了。

现在来讨论工业革命以来的第四次技术化转型，即"转型4.0"。转型1.0是迈向蒸汽机动力的工业化，转型2.0是电气化，转型3.0是信息化，转型4.0是数字化。

从转型到原生

在数字化之前，信息技术经历过多次阶段性重大变化。第一波信息革命是印刷术带来的，包括书籍和报纸等。第二波信息革命是电子技术带来的，包括了通信革命和计算革命等。而电子技术从承载信号的方式看，又可以分为模拟电子和数字电子两个时段。第三次工业革命的标志是20世纪50年代开始的信息革命，尤其指数字化技术开启的信息革命，不是指之前的印刷术和模拟电子带来的信息革命。

虽然信息化包括了模拟信号和数字信号两大类，但在现代信息产业的发展实践中，信息化和数字化几乎就是同义词。在不做特别强调的情况下，信息化就只是数字方式的信息化，把纸质的模拟记录和业务流程模拟到数字的转换，搬到网上去并且用计算机处理。可以说，早期的信息化就是数字化。（见表1-1）

表 1-1　信息化与数字化转型

信息化/数字化	数字化转型
从业务到数据，数据是副产品	从数据到业务，数据是 C 位
数据是信息	数据是资产
主体是支撑性的 IT 部门	主体是企业高层牵头，多部门联合
解决的是效率问题	解决的是效益问题
管理思维	业务思维
眼睛向内的管理视角	眼睛向外的商业视角
为线下世界服务	为人、物理和数字"三界"服务
不改变商业模式	重塑商业模式

现在流行"数字化转型"的说法，这依然是信息化的延续，也是数字化的延续，但强调的重点已经不是"数字化"而是"转型"了。因此，也可以说，信息化的前一阶段是数字化，目前阶段是以数字化为基础的转型，接下来的阶段就是数字原生。

数字化转型是数字原生的基础和先决条件，数字化转型的目的就是为了构建一个更加数字化的世界，提高组织的数字化素养和创新能力，满足人们日益增长的数字化需求和期望。数字原生是数字化转型的高阶形态，它是数字化转型发展的结果和目标，为数字化转型提供了一个终极愿景。

数字原生是一个完全数字化的世界，数字技术和数字文化已经深入人类社会的各个领域和层面，成为人们生活、工作和学习的重要组成部分，甚至已经改变了人们的生活方式和思维方式。在数字原生世界中，人们可以更加自如地运用数字技术来获取信息、沟通交流、娱乐消费、工作学习等，数字化程度更高、效率更高、体验更好。

数字原生世界会包括众多新业态。比如，制造领域全流程的生产数字化，包括数字化设计、数字化生产、数字化质量控制等。另外，金融业也会发生巨大的变革，包括数字货币、虚拟银行和区块链金融等。医疗领域将通过实现医疗服务的全面数字化，包括远程诊疗、智能医疗、健康管理等。教育领域通过数字技术的应用，尤其是与元宇宙和AIGC的结合，实现教育服务的全面数字化，包括在线教育、虚拟现实教育、智能教育等方面。

为了更好地对应"互联网思维"和"云原生应用"等已有概念，发掘新的原生领域，本书将数字原生进一步分为"数字原生思维"和"数字原生应用"两个层面。

数字原生思维是指一种以数字化为核心的思考方式和方法，它强调创新、协作、敏捷和用户体验，通过数字技术实现生产和服务的全面数字化、智能化和生态化。数字原生的应用则是指基于数字技术和数字化思维，开发出来的数字化产品和服务。数字原生思维用于指导数字原生应用的思想武器，数字原生应用是数字原生思维的具体实践和成果体现。

数字原生的思维，对应于互联网世界中的互联网思维。互联网思维与数字原生的理念是一致的。互联网思维是一种以互联网技术和互联网文化为基础的思维方式，强调信息共享、平等、协作和创新等价值观念，以及开放、包容、灵活和快速的工作方式。互联网思维是创造互联网原生应用的基本思想和原则。

互联网思维也是数字化转型的一种思维方式，并在互联网行业的实践中取得了成功。最近几年，实践已经表明，将互联网行业的成

功经验照搬到传统行业并不是完全适用的，必须结合行业和企业特点做进一步的优化和调整。互联网思维是数字化转型的一种思维方式和成功经验，但在全社会开始数字化转型的大背景下，使用更加中性的"数字化转型"，从互联网思维向后退一步就成了当下的最佳选择了。

数字原生应用对应互联网原生应用，是指在互联网思维的指导下，发生的一些具体实践和产生的一些具体成果。业界流行的只是互联网思维的概念，而本书引入了互联网原生的说法。

数字原生代，就是那些拥有数字原生思维的一代人或几代人。数字原生代的本意，其实也只是指这些具有高数字素养的年轻人。

数字原生代已经长大了

人是决定一切的因素。本书讨论数字原生，只是因为数字原生代已经长大了。他们已经获得了话语权，具有很强的消费能力，已经成为企业和组织的主力军了。

数字移民主导着数字化转型，数字原生代即将主导数字原生。

"数字原生代"（digital natives），指那些在信息时代长大的，能够熟练而舒适地应用计算机、互联网和社交网络等设备和平台，消费数字信息和需求刺激的群体。他们成长于宽带互联网或移动互联网开始普及的年代，天然地对计算机、智能手机和互联网等有亲近感。他们的娱乐、社交、学习、工作和购物等，绝大多数发生在数字世界，他们习惯于与视频游戏、网络教学、视频会议、社交网络、数字音乐、数码相机、智能手机和数字语言等打交道。他们经常显得比较"宅",信奉个人主义和自由主义,经常会多任务处理等。

发达国家的数字原生代多指20世纪80年代中后期及之后出生的人。中国的数字原生代要相对晚几年,大约可以从20世纪90年代初开始算起,因此也更加年轻,目前普遍小于35岁。

"数字原生代"与"数字移民"是相对的两个概念,是教育顾问马克·普伦斯基(Marc Prensky)在2001年推广的。相对地,数字移民出生在互联网诞生之前,成长于印刷机和电视机主导的世界。普伦斯基将数字新生代称为计算机、视频游戏和互联网等数字语言的"母语人士"。

作为"数字移民"的马克·普伦斯基,将当代美国教育的衰落与教育工作者未能理解现代学生的需求联系起来,讨论的是教育中的代沟问题。虽然普伦斯基的原始论文缺乏科学论证,也没有经验数据的支持,但数字原生的概念很受家长和教育工作者的欢迎,甚至扩展到了健康领域,成为一种市场营销工具。

在所有技术革命的场景下,如果第一代技术移民获得了成功,他们的下一代自然就会成为技术原生代。在技术发展史上,第一代移民总会为下一代的原住民感到焦虑和担心,新技术引发的"技术代沟"现象比比皆是。比如,自行车刚发明时,基督教教会强调,它会导致青少年失去信仰;汽车刚诞生时,舆论的说法是汽车会让人远离社会,离群索居;20世纪80年代,电视机开始在中国家庭普及,当时的家长担心这会毁了"70"后,因为"70"后是"电视原住民"。20世纪90年代的计算机(游戏),21世纪00年代的网吧,21世纪10年后的智能手机(游戏),历届家长都重复着类似的焦虑。

当数字原生代自己成为家长时，也会焦虑于 2010 年之后出生的年轻人，担心孩子们分不清是生命还是机器，是虚拟还是现实，是真相还是模拟，是算法还是智慧，是生活还是工作，是娱乐还是学习等。

数字原生代是数字原生概念起源，也是其重要组成部分。今日的数字原生代，也已经从早年的计算机、智能手机和互联网进一步延展了。比如，"加密原生代"指在拥有任何其他资产（股票、债券等）之前购买加密货币的人，也可能意味着一个非常熟悉加密货币和相关平台的人并在日常生活中使用加密货币。"AI 原生代"指在 AI 技术上有着较高的素养和熟练度，能够使用各种 AI 工具和平台进行开发、测试和部署，同时也关注 AI 技术在社会和伦理层面上的影响和挑战等。

互联网原生

根据数字原生的基本理念，配合思维的说法，围绕互联网应用，这里杜撰了"互联网原生"和"互联网迁移"两个新概念。

互联网迁移指把传统通信网络、广播电视网络和计算机等已存在的应用、软件和服务等搬到互联网上，Everything over IP，核心目的是"在线"。向互联网迁移以"三网融合"热潮为代表，出现在大约 1995—2005 年，迁出地是传统电话网和传统广播电视网，迁入地是互联网，典型迁移对象包括邮件、电话黄页、话音、传真、短信、音乐、电视节目和广告等。

互联网原生指在互联网（包括 Web）的基础设施上，从一开始就假设底层是 IP 网络，构建和运行网络化应用的一种产品和服务开发方式。互联网原生应用，以让应用充分利用互联网终端和网络的开放性、通用性、宽带化、移动性和广覆盖等特点为核心目标。

下面简单列举一些互联网原生应用的例子。

Web 原生

早期的 Web 应用，基本是在做传统行业的信息化和网络化。1995 年成立的雅虎（Yahoo）公司，一年后就成功地在纳斯达克上市，曾经是全球第一大门户网站和流量入口，也是一个不折不扣的 Web1.0 公司。Web1.0 的特点可以归纳为"只读的"，基本就是对传统媒体内容的数字化，用户是被动地阅读 Web 内容，很少能深度参与到 Web 的建设中。

经过十多年的探索，业界发展出了可读可写的 Web2.0，用户可以参与生产内容了。Web2.0 已经不是传统媒体内容的转化，而是可以双向交互的原生了，典型代表如 Wiki、微博、社交网络、众包和社会化生产方式等。

Web2.0 是互联网原生内容的开始，一般是 Restful 设计风格的，用 URI 描述一个资源，请求基于 HTTP，使用 GET、POST、PUT、DELETE 分别表示增删改查四种基本操作。

邮件

早期互联网是通过有线电话线和计算机之间，外挂一个调制解调器（俗称"猫"）拨号接入的，这样在电话接通时才会处于"在线"状态。那时的拨号上网，一是采用了按时长计费的模式，二是

线路的主业是电话而不是上网，因此，用户一般很难长时间冲浪，如浏览 Web 和在聊天室聊天等。

穷学生的常规操作是拨号后立即收取和发送电子邮件（事先会准备好），然后挂断下线。那时电子邮件的主流写法还是 E-mail 而不是 email。电子邮件就是电子化的邮件，模仿了传统邮政系统的架构，甚至一些协议的名字都是直接山寨来的，比如，收邮件的协议叫"邮局协议"（POP，Post Office Protocol），发邮件的协议叫"简单邮件传输协议"（SMTP，Simple Mail Transfer Protocol）等。

后来出现的 Web mail，通过浏览器收发电子邮件了，不需要邮件客户端了，其架构也已经与传统邮政架构有天壤之别了。Web mail 已经是 Web 原生的邮件了。

话音与视频

IP 电话（VoIP）是把电信运营商的传统话音业务迁移到了专用的 IP 网络上。VoIP 的网络架构、拨入方式、计费方式、路由控制和管理机制等，还是沿用了传统的电话。而今天内置在社交网络、电商平台和会议系统中的实时语音通信功能，是运行在公众互联网上的。其用户界面、使用方式和内部运行机制等已经完全不同了，可能就只剩下"接通"和"挂断"两个电话图标（icon）了，是互联网原生的实时话音通信服务了。

IPTV 是把 TV 节目迁移到了专用 IP 上，利用 EPG（电子节目单）和外置的机顶盒等技术，向用户提供直播和点播等方式的视频节目。传统 IPTV 的神和形都属于传统电视。而现在无论是长视频、短视频还是视频直播等，都运行在开放的互联网上了，人机交互主流方式是弹幕了，移动视频很多也已经竖屏化了。

动漫

智能手机带来了漫画体裁的转变。纸质漫画都是四格漫画，即以四个画面分格来完成一个小故事或一个创意点子的表现形式。而智能手机一般都是竖屏的，因此，发展出一种新的漫画体裁——条漫，即一条横的或竖的漫画。

观者在阅读条漫时通过滑动手机屏阅览逐个单幅画面，这对于观者理解漫画有很大帮助。条漫具有很强的互动性，观者可以通过弹幕进行交流，增强了阅读趣味性。同时对漫画作者来说能收到实时、全面的反馈，对于创作、修改都有很大的帮助。

小　结

- 汽车最早被称为"无马马车"，一种对新生事物困惑时的命名方式。今天的新能源和无人驾驶等概念，依然是"无马马车思维"的产物。
- 内燃机解决了汽车的可行性问题，福特流水线解决了汽车大规模生产的问题。
- 电力对汽车革命的重大影响，一是20世纪初将电力用于驱动汽车生产制造的流水线；二是21世纪初新能源车用电力驱动汽车的运行。福特流水线是汽车制造业从蒸汽驱动到电力驱

动的一次"电力化转型"。

- 如果100年前美国电网的普及能够提前15—20年，那么大多数汽车制造商很可能会选择电动汽车。
- 新能源瞄准的是汽车驱动力，智能网联瞄准的是控制系统，无人驾驶瞄准的则是控制的控制。
- 企业的核心竞争力，蒸汽时代是以动力为中心，电力时代是以产品为中心，数字时代是以用户为中心。
- 云计算希望像水电那样，将算力发展成为基础设施，只是从成熟度来看，它比电力晚了大约100年。
- 目前正处于第三次工业与第四次工业革命的"变态期"，一种"不三不四"的转型换挡期。
- 数字化转型是数字原生的基础和先决条件，数字原生是数字化转型的愿景和目标。互联网思维是数字化转型中的一种思维方式和成功经验。
- 数字移民主导了数字化转型，数字原生代即将主导数字原生，因为后者已经长大成人。

* * *

从无马马车到生产线的电力化转型，从数字移民到数字原生代，从互联网思维到数字化转型，从数字原生思维到数字原生应用，构建数字原生世界的基础性条件已经具备了。

但在探讨原生的数字世界之前，我们首先回望下，数字化之前的"史前"的信息产业。

第二章
Chapter 2

"原始"信息世界

我们对独一无二的东西感到崇敬,然后会复制它。
——希列尔·施瓦茨(Hillel Schwarts)

电话虽然是改变世界的最重要的电气发明之一,却是由一位聋人发明的。
——托马斯·爱迪生(Thomas Edison)

在信息时代,知识的价值超过了资本的价值。
——彼得·德鲁克(Peter Drucker)

纺织革命不是为了让女王穿上丝袜，而是让普通纺织女工也穿得起丝袜；汽车革命不仅让贵族和土豪的出行更便捷了，也让普通汽车工人买得起汽车了；电力革命不仅是豪华晚会的点缀，还实现了让家家户户"拉磨不用牛、点灯不用油"。

计算机革命不是让计算机成为锁在机房中的昂贵机器，而是实现了每个程序员和每个家庭都买得起计算机。网络革命已经实现了全球近 50 亿人都用上了互联网。

技术革命成功的最重要标志是能够大规模生产制造，形成一种技术性的产业甚至行业，让人人可以消费得起。据此可以发现，信息技术革命爆发的时间点要远早于数字技术革命，信息产业早从纸质时代的印刷术就形成了。这一数字史前的"原始"信息社会，都是模拟信号主导着信息的采集、存储、传递和处理，现在都已经数字化了。

印刷术革命

出版业的诞生是人类历史上第一次大规模地把信息商品化，是第一次信息革命。出版业的基础性技术是印刷术，代表性产品是书

籍。在印刷术发明前，信息的传播只能靠口头、雕刻和手抄手绘等，无法大规模廉价复制，因此，虽有散碎的信息产品，但都没有形成规模化的信息商品市场。

我国汉代的蔡伦发明了造纸术，隋代有了雕版技术，宋代毕昇发明了活字印刷术，进化到了可以对排版的文字做"编程"了，"软"定义版式了。到南宋时期，印刷书籍已经很有规模了。与此同时，为打击盗版书，官府也颁布了"翻版禁令"，以保护刻印出版者的利益。可以说，现代版权（copyright）的概念是随着印刷术而诞生的，印书是史上最有代表性的信息商品，两者都首先发生在中国。

在西方，古登堡发明金属印刷术，是葡萄酒压榨机器和活字印刷结合后，欧洲的印刷书数量和这类快速增加。1662年，英国女王玛丽一世颁布了特许出版权，所保护的是复制发行权，几乎是宋朝"翻版禁令"的翻版，都是为了保护出版商的利益，创作者都是局外人，只是时间上晚了500年。1709年，英国通过了《安娜女王法令》，将信息商品的权力主体从出版商转给了创作者个人，成了创作者的财产权，标志着以保护创作者的利益为基本宗旨的现代著作权的诞生。

后来，版权法逐步脱离了书籍、出版和印刷等概念，走向了"技术中立"，也包括了表演、雕塑、绘画、照片、编曲、电影和电视剧等，以及数字时代的"软件""电子文档"和"数字藏品"等。字词是用来表达思想的，乐谱是用来告诉音乐家如何演奏的，软件代码是用来告诉机器应该如何运行的，因此它们都属于版权保护的范畴。

信息作为独立商品的重要标志，除了现代版权法，还有一个是1624年英国颁布的专利法，它明文规定有关创造发明一类的信息，必须通过交换的方式进行交流，这奠定了现代专利制度，并且由此产生了专利交易市场，专利也可以作为一种智力商品买卖了。

著作权和专利法都致力于保护创作者对信息商品的权力，但前者重形式，后者重实质。著作权大多采取自动产生的原则，只强调作品表现形式的独创性，多为文学、艺术和科学著述等表达形式。专利权必须向专利主管机关提出申请并核准后方能产生，强调新颖性、创造性和实用性，多为解决某一实际问题的技术方案。

印刷机诞生后，通俗读物快速兴起，教会担心印刷品让圣经的文字失去严肃性、艺术性和高贵感。苏格拉底生活在文字开始流行的时代，他口头表达了对文字流行而导致的记忆力下降、思考深度减弱的深深担忧，而这些口头言论，幸亏被他的一个学生用文字记录了下来，才流传至今，那个学生就是柏拉图。

从印刷机到计算机，出版业的技术工具从笔墨纸砚发展到了键盘、鼠标、OCR（光学字符扫描）和各类编辑传播软件。1992年，法国国家图书馆启动了数字化计划，到2014年已经提供了80 255本在线书籍和超过100万份文件。2004年，谷歌创建了谷歌图书，旨在将世界上所有可用的书籍（超过1.3亿本书）数字化和可在线访问，机器人扫描仪每小时可以数字化约6 000本书。2018年，国家将数字出版列入战略性新兴产业目录。

到今天，数字出版已经不仅是对传统出版物的数字化和网络化，也不仅是在网上编辑出版，而是已经创造出了以电子书和智能手机为代表的新载体，以网络文学和手机条漫为代表的新业态。

由于学术论文提交给传统学术期刊，经常需要2个月甚至2年

的评审时间，在天文学和一些物理学领域，数字化的 arXiv.org 等预印本存储库在传播最新研究方面的作用，在很大程度上已取代了传统学术期刊。

数字出版也对法律和监管提出了新课题。首先，为未经授权的"Ctrl V"和"Ctrl C"，打开了更便利地侵权和"洗稿"大门。不仅如此，近年来"洗稿"也从文字进化到了图片、音乐、电视剧和数据资产了。其次，传统版权法通常对一本书可以机械复制或复制多少内容设置了限制，但电子书或电子期刊可以在线获得，海量互联网用户能够查看该出版物的单个电子副本，而无须制作任何"副本"。最后，以 ChatGPT 为代表的 AI 生成的内容，不是人而是机器侵权，不是人主动而是算法自动侵权，以及 AI 生成内容时的不可解释性等，都是新挑战。

邮政的分野

信息产业在纸质时代的典型代表，一个是出版业，一个是邮政业。印刷术解决了信息大规模复制和保存的问题，是人类历史上第一次大规模地把信息商品化，尤其是把信息中的精华（即知识）商品化，形成知识商品（比如史籍和书籍）。邮政业解决了信息大规模传递的问题，是人类历史上第一次大规模地为平民提供远距离通信服务，尤其是个人书信，是对个人非常重要的信息。因此，面向大众知识的出版业常被纳入文化产业，而面向个人信息的邮政业常被纳入信息产业。（见表2-1）

表 2-1 出版业和邮政业

类别	出版业	邮政业
内容性质	公共知识	个人信息
核心目的	大规模保存	大规模传递
产业分类	文化产业	信息产业
融合	邮寄印刷品	

我国最早关于邮政通信的记载，是来自殷墟出土的甲骨文，它记载着殷商盘庚年代（距今约 3 500 年），边戍向天子报告军情的记述中的"来鼓"二字，类似今天的侦察通信兵从边疆跑回向商王报告紧急军情。驿站是古代传递官府文书和军事情报的人或官员，途中食宿、换马的场所，平民是不能用的。

现代意义上的邮政，即能够大规模服务普通民众的邮政服务，最早可以追溯到 19 世纪前期的英国，它在主要城市设置邮政机构，采用邮票作为邮资已付的凭证，为大众寄递各种邮件、电报，这是书信传规模化和平民化的开始。

进入数字时代后，香农理论的一大贡献是信息与其所承载的内容走向了分离。在信息理论中，"信息"一词与你说了什么无关，而是与你能说什么有关。通信和计算机的信息论，首先冲击的却是邮政，导致邮政服务中的包裹类业务和信件类业务的大分野。

传统邮政寄送包裹等物品的"原子性"服务，与其他技术和行业融合，演变成了现代物流业。传统邮政的寄送信件等物品的"比特性"服务，逐渐被 email、短信、彩信和社交网络等所取代。而邮政中极具代表性的邮票，则更多地进入了收藏品市场。但数字世界也需要值得信任的时间序列证明，邮票所带来的"可信时间戳

（timestamp）"的概念，广泛引入数字技术中，成为计算机、操作系统、数据库、卫星通信、互联网通信、数码相机、区块链和隐私计算等的重要组成部分。加盖数字邮戳的"时间戳服务"，甚至已经发展成为一项独立的互联网服务。

> 1937年，克劳德·埃尔伍德·香农（Claude Elwood Shannon）的硕士毕业论文被称为"史上最牛硕士论文"，这是一篇关于利用电气开关实现电路逻辑的证明，成了数字计算机的基本概念之一。1948年，香农在其工作单位贝尔实验室的"企业级"期刊《贝尔系统技术学报》上，发表了题为《通信的数学理论》的论文，发明了"比特"一词，创立了信息学。现在，加密货币的单位"香农"（表示符号：sh）就是以他的名字命名的。

会说话的机器

人类通过纸张和印刷机等技术，以书籍等为载体，实现了大规模文字知识的保存和传播。但声音的保存技术和声音的远距离传播技术，历史上一直就是无人问津的领域，直到1877年托马斯·爱迪生发明了"会说话的机器"——留声机，才解决了声音的存储和复制问题；1875年贝尔发明了电话，这才解决了声音的远距离传输问题。

爱迪生最初设想留声机的商业用途有两个：一是人们可以将信件录到留声机的蜡卷上，做成"有声信件"，留待日后播放或通过邮政系统发给友人；二是记录讲话原声的"记录机"，但商业上都没有成功。直到 1887 年，德裔美国人埃米尔·贝林纳发明了新型留声机和圆盘形唱片，留声机和唱片才得以规模化生产，并在音乐市场中找到了自己的用途。

顺便说下，与爱迪生同时代的亚历山大·贝尔发明电话后，他认为电话的主要使用方式是，一个乐队或歌手坐在电话线一端，听众可以在家里用另一端就"共享现场音乐"。但历史事实是，两个大发明家完全弄反了：电话是用来交流的，留声机是用来听音乐的。

到今天，流行歌曲的长度普遍是 3—4 分钟，是因为早期黑胶唱片的常见规格为 10 英寸，78 转/每分钟，每面只能储存 3—5 分钟的音乐。单曲长度这样被技术标准化了。以今天的存储技术水平，流行歌曲 3—4 分钟的限制早已没有了存在的必要，但这一行业习惯却被保留了下来。

> 与流行歌曲的长度限制类似，早期的微博也有 140 字的限制，同样是出于技术原因。微博源于鼻祖 Twitter 的 140 词的限制，Twitter 的这一限制又源于功能手机时代，微博基于短信提供的通信服务。一条短信存在 160 词的技术性限制，Twitter 为了留出系统字符（如"/""@"等）和用户 ID，减了 20 个词。手机短信的信息量被限制为 160 个英文字符的标准，又源于明信片：大多数明信片上的字符不超过 160 个字符。但到了移动互联网时代，当微博不再依靠短信息通信时，140 字节的限制就被取消了。

而传统音乐是长短不一，没有时长限制的，因此，唱片业的流行歌曲也被冠以"快餐文化"的帽子。快餐文化是一种"只求速度，不求内涵"的现象，比如只看精简版不读原著，只刷标题不读正文，学东西只想报速成班等。

就像纸张是印刷品的最佳介质，唱片成了音乐载体的代名词，并且形成了以唱片公司（不是音乐创作者）为核心的完整产业链：唱片公司——发行商——批发商——零售商——消费者，各类音乐门店是音乐商品销售的主渠道。

音乐数字化大致经历了四个阶段：

第一阶段，音乐格式的数字化和标准化。1993年，在互联网和PC的发展早期，MP3音频压缩技术诞生，它可以将一首CD音乐压缩到只有几个MB的容量，许多音乐爱好者将自己的CD音乐转成MP3格式放到互联网上，供其他用户自由免费下载。

第二阶段，数字音乐分享的网络化。到了20世纪90年代中后期，随着互联网宽带化和PC的普及，出现了以MP3.com和Napster为代表的P2P网络共享音乐技术，仍然是以音乐聚人气、用广告赚收入的模式。

第三阶段，便携式数字音乐。便携式数字播放器的诞生，最初的MP3文件只能由计算机来播放，随着MP3的逐渐流行，索尼、三星等硬件生产厂商推出了可随身携带的MP3音乐播放器。2001年，PC厂商苹果公司（Apple）推出了划时代的产品iPod。西门子、诺基亚、摩托罗拉等手机厂家也纷纷推出自己的音乐手机，手机的普及程度远远高于其他数字音乐播放器。

第四阶段，商业模式的最终确立。全球在数字音乐发展的早期，缺乏可行的赢利模式使其始终难以驶入大规模商业化发展的轨道，2003 年，苹果公司借助 iPod 创立了 iTunes 在线音乐商店，创造了将播放器和正版音乐捆绑销售的数字音乐销售模式，iPod+iTunes 模式成为数字音乐史上第一个成功的商业模式。（见图 2-1）

格式标准化 ➡ 传播网络化 ➡ 便携式 ➡ 商业模式

图 2-1　音乐数字化的四个阶段

现在，传统音乐行业已经被彻底改造成了 IT 行业，媒体与科技界的边界模糊了，以至于投资圈会用 TMT（Technology, Media, Telecom）来表示它们。音乐载体变成各种格式的数字音频文件，播放设备变成了计算机、智能手机、智能音箱、网联汽车和穿戴设备等，播放方式成了流媒体，主导力量成电信运营商、手机厂家和互联网公司了。

可以说，始于 20 世纪 90 年代的数字音乐行业是最早完成从模拟到数字化的行业，是数字时代到来的标志性成果，因此，它也是数字资产管理的先驱，是数字版权保护的肇始。

会移动的图片

就像印刷术的发明让机器复制文字的印刷品逐步取代了手抄本那样，摄影术的发明让机器复现世界的照片逐步取代了手绘画，用摄影作品来记录历史、事件和人物。摄影术是对现实世界的第一次"现实孪生"。

1839年，法国人路易斯·达盖尔（Louis Daguerre）发明了摄影术。1888年，乔治·伊斯曼（George Eastman）发明了简便易用的柯达盒式照相机和可以卷起来的"伊斯曼胶卷"，成为今日傻瓜式相机和至今仍然在使用的标准透明片基胶卷的原型。这种"用光作素描"的技术，到19世纪80年代逐步小型化和便携化，成本大幅降低。自此，摄影进入工业化和平民化发展的阶段，开始广泛应用于新闻、期刊、书刊等。画家，尤其是写实类的画家，也纷纷转型为摄影师了。

在那个摄影分辨率还很低的年代，经常有人报告拍摄到了不明飞行物（UFO），但随着分辨率的不断提升，有关UFO的报告就少多了。现在，大多数不明飞行物被确认为已知物体或大气现象，只有极少数有待解释。

接下来，一方面，摄影术开始"分叉"，持续图片质量提升、操控便利性和成本降低等，也发展出了种类繁多的摄影技术、风格和流派；另一方面，技术进步大幅缩短了曝光时间，让"连续摄影"有了技术基础，利用新一代摄影技术拍摄连续照片的摄影机出现了，诞生了一种全新的业态：电影。电影又创造出了特写、蒙太奇、叠印及特效技巧等自己独有的特点。摄影和电影虽然源于同一个"祖先"，但摄影更关注单一画面的构图、色彩和光线等，电影更关注画面间的关系及连续构图。

随着摄影术、电话、无线电和电影技术的发展，应用最新科技成果，对静止或连续图片进行光电转换，并将电信号传送出去，使其他地方能即时重现画面，即"远程看（Aele-vision）"技术的探索开始了，视频就是"会移动的图片"。

人类对电视的构想和研制本来早于电影，但电子技术条件的限制使电视的研制长期停滞不前。直到 1925 年 3 月，贝尔德才成功地传送了第一张带有灰度图像的电视画面：一个口技表演者假人的头部。贝尔德"制造"这台电视的材料，包括纸板、自行车灯和蜡等。五年后贝尔德牌电视机开始销售，成为富人的奢侈品。

从 1950 年到 1960 年，美国的电视机持有量从 100 万台迅速提升至 3 000 万台，约有 87% 的家庭拥有至少一台电视机，电视机开始对公众的生活产生重要影响。尼克松在广播演讲方面堪称完美，但电视让表演张力极强的肯尼迪迅速获得了电视观众的支持。

最早的图像数字化应用是在报业，发生在 20 世纪 20 年代初期。巴特兰（Bartlane）电缆图片传输系统，用 15 种色调编码图像，将传输一幅数字图像所需的时间，由 1 周多减少到小于 3 个小时。对图片进行美化一直以来是个专业的工作，但 Photoshop（PS）软件将图片美化、修复和拼接等平民化了，甚至后来的一些美图工具将"P 图"工作傻瓜化了。近年来，随着人工智能技术的进步，已经很难区别"美化照片"和"篡改照片"了。而曾经红火的照相馆，其业务现在已经萎缩到了证件照和艺术照等专业摄影领域。（见图 2-2）

图 2-2　摄影技术的分野

电影公司在 20 世纪 60 年代表达了对电视的恐惧，在 80 年代表达了对录像机的恐惧，90 年代则是对数字化的视频光盘（DVD）的恐惧。电影数字化后，不再以胶片为载体和以拷贝为发行方式，取而代之以数字文件形式发行。数字电影也可以进入微观世界，做"像素级"的组合和重建，创造出传统摄影方法无法想象的镜头，催生出了数字电影软件设计师、美术设计师和视觉效果设计师等新职业。

电视数字化的形式，主要包括数字电视和 IPTV 两大类。数字电视就是在制作和传输等过程中全部或部分采用了数字技术，典型形态是"电视＋机顶盒"，业态相比传统电视最主要的变化是点播。IPTV 指机遇专用 IP 网络传输电视信号，接收端可以是电视、计算机和手机等。如今流行的网络视频，已经完全脱离了数字电视和 IPTV 的形式，发展到直播、短视频和"抖音化"了。

美国学者尼尔·波兹曼（Neil Postman）在 1985 年出版的《娱乐至死》中指出，看电视能获得情感上的满足，电视本身的性质就是娱乐性的，人们不仅是不会思考的，并且是不会记忆的。

《娱乐至死》讨论的是电视时代引发的智力退化问题。到了互联网时代尤其是移动互联网时代，因为搜索引擎、社交网络、移动通信、推荐算法、信息茧房和云端存储等，电视时代的智力退化可能已经升级为互联网时代的"智力灾难"了。

电报的遗产

"电报（telegraph）"一词源自古希腊语，由"在远方（tele）"和

"写作（graph）"两个词拼接而成，最初是由信号灯电报的法国发明者克劳德·查佩（Claude Chappe）创造。

电报线曾经像今天的电话线和互联网一样，是地球的神经系统，是全球权利和秩序的基本要素，是"维多利亚时代的互联网"。在电报已被电话、短信和微信几乎全部取代，退出历史舞台之时，需要铭记的是电报如何改变了这个世界，为我们留下了什么。

电报是电气革命的起点。在19世纪30年代，还没有发动机和电力网时，电池是最主要的供电方式。电池的不稳定、功率小和短距离等不足使得电气只能用于"高科技感"很强的魔术等各种演出或声称包治百病的"电疗"（互联网时代，竟然也有人这样来"治疗"网瘾）之中。电报是电的第一个杀手级应用（Killer App），让电从此不再只是玩具和不靠谱的代名词。

电报技术的中继（Relay）概念沿袭至今。中继克服了电流沿着漫长的电线流动时会逐渐衰减的障碍。这一概念所具有的潜能远比电报发明者当初意识到的还要大，已经成为现代通信的基础性技术之一，比如翻转信号、多路复用和存储转发等。互联网的基础性技术就是不断中继和存储转发的。

莫尔斯的助手韦尔设计的电报，成了后来用户界面设计的经典。一根简单的弹簧支撑着杠杆，操作员通过它用手指触碰达到控制电路的目的。这根杠杆叫"通信员"，后来叫"键"。电报用的电传打字机成了今天计算机显示器和键盘的始祖。

电报改变了人们对天气的认知。之前需要数天才能够到达目的地的信息，现在只需分秒。因此，人们发现了各地天气的实时差异

性和后续关联性,不再认为气象是迷信,而是一种大范围彼此关联的事件。天气报告和天气预报也就随之产生。

电报改变了人们对时间的认知。铁路让人们发现所谓的时间都是地方时,不同地方的人们其实遵循的是不同时间,这就催生了标准时的概念。铁路运行需要标准时,但它直到电报出现后才变得可行。

电报催生了密码学。在电报之前,通信的机密性取决于送信人是否可靠。而用电报传递信息,天然地存在中途被敌人截获的可能性,这直接催生了密码学。另外,运营电报的成本非常高,辞藻的代价过高,这也催生了"电报体"文风,就像互联网催生的火星文和表情包等各种亚文化。电报让文字的神秘性消失,也赋予了一些词汇新的含义,比如"发送"。

电报贡献了"在线"的说法。那时"在线"一词在电报和铁路行业很常见。电报系统把通过线路发送电流,称为直接在线或电池在线,将电路问题称为在线问题(与电源或端点问题区别)。"在线"现在被广泛应用在计算机和通信中,表示设备或子系统已连接或已准备好了,否则被称为"离线"。在线也被扩展用于各种网络应用中,比如,在线身份、在线购物和在线教育等。在移动互联网时代,最常见的在线方式是"无线"的。

电报改变了报业。电报的出现让当时的人们担心它会杀死报纸,因为报纸一直以来就是商业、政治或其他情报的快捷传递者。但后来的结果却是,两者成了共生关系,新闻记者开始用电报传递新闻,"电报报道"成了紧迫性、及时性新闻的标签。

电报带来了对无线电的监管。1912年4月，皇家邮轮泰坦尼克号与一座冰山发生碰撞时，配备有当时世界上最强大的无线电设备，但因为马可尼的技术垄断（没有国际标准），遇险呼救信号的不一致（"CQD MGY"和"SOS"两种），以及出事地点正好位于无线电干扰的重灾区等，灾难还是发生了。这直接导致1912年美国政府出台了《无线电法》，规范处理船只求救信号的新规则，限制业余电台的波段。

史上"第一个"内容

第一张照片：有争议。比如，尼埃普斯的《牵马的孩子》（1825年）或《窗外的景色》（1826年），或者路易斯·盖达尔拍摄的巴黎街景（1838年）。

第一张邮票：印着英国维多利亚女王侧面浮雕像，1840年5月6日。

第一封电报内容："上帝创造了何等的奇迹！"，1844年5月24日。

第一次通话内容："沃森先生，快来帮我"，1876年的3月10日。

第一次录制歌曲："玛丽有只小羊羔，雪球儿似一身毛……"，1877年11月29日。

第一个电视画面：一个人抽烟的画面，还能够听到里面说话的声音，1926年。

第一次互联网通信："Lo"，1968年11月29日。本想输入

> "LOGIN"的，但输完"Lo"系统就崩溃了。
>
> 第一份电子邮件："QWERTYUIOP"，发明人自己也不记得了，估计是键盘第一行按键，1971年。
>
> 第一条短信："圣诞快乐"，1992年12月。2021年12月，被以17万英镑的高价拍卖。
>
> 第一条微博："刚刚成立了我的twitter。"2006年3月21日。

电报曾经是地球的神经系统，被称为"维多利亚时代的互联网"。电报即使发展到后期普通人也用得起了，但仍然因为价格和便利性等原因，常常只用在重要和紧急的状态下，没有能够像后来的电话、计算机和互联网那样，从家庭到个人，完全融入每个人的日常工作和生活中去。

电话改变世界

早期的电话被称为"语音电报"，目标是让电报也能够携带语音。今天电话的地位早已不比往昔，但还不像电报那样几乎绝迹，仍然在广泛使用中。一个重要原因就是易用性，电话拥抱的是口语文化和大众文化，而电话之前的电报和电话之后的互联网，都需要书面文化的配合。

与电报类似，电话对世界的改变也是深刻和持久的。比如，摩天大楼，没有电梯是无法想象的，其实没有电话也是无法想象的。

如果靠跑腿需要为摩天大楼多安装多少电梯，每天出入高楼的信息会有多少？

电话的发展让市民即使居住在郊区，也可以与城市保持密切联系。电话也改变了证券交易模式，促使电话委托交易的兴起。电话交换机与打字机技术一起，加速了女性进入白领劳动力市场的进程。

电话也促进了电子学等新科学和技术的发展。电报只有"通"和"断"两个状态，控制相对容易。而电话是连续信号，状态更多，需要更强的电流和更精密的控制。因为电话，电气工程师学会了测量电量、控制电磁波、反馈机制和控制单股电流等技术，也催生了带宽的概念。

电话推进了网络组织技术的进步。数学家用排队理论处理通话拥挤问题，开发各种图和树型拓扑来管理城市间的电话干线和支线。大量用户的电话催生了交换机的出现，需要一个电话目录系统。

电话号码必须等登载在邮电局公开的电话黄页目录上，才可能让更多的人联系到你。电话黄页是人类历史上制作最为广泛的列表和目录。伦敦的电话黄页有4卷，芝加哥的有2 600页。互联网鼻祖雅虎（Yahoo）最初的服务就像是电话黄页的数字版和互联网版。今天，电话号码的性质反转了，成了个人信息甚至个人隐私的一部分了。

随着电话数量的增加，电话号码开始出现。初期的电话用户对自己竟然被用一个数字代码来表示，感到非常愤怒。而电话工程师则担心用户的记性——用户可能记不住长度为4—5位的电话号码。而今天电话号码拓展的新用途，是作为一个人互联网上的身份标识，

或者同时与短信一起验证身份。

一百年来，电话的形态发生了很大的变化，从有线走向了无线，从模拟走向了数字，从独立的电话网络走向了话音、数据和视频融合的通信网络。另外，话音通信也不再只是一种独立的电信服务，而是经常融入网络购物、社交网络、网络教学、电子游戏和视频直播等服务中，退化成只是其中的一个功能模块了。

从无线电到移动通信

"无线通信"也是个"无马马车思维"的命名方式，比如，早期的手机移动通信被称为"无绳电话"。无线通信可以是点到点的，也可以是点到多点的。这种特性使得无线电技术在应用上很早就兵分两路：一路是点到点的应用，形成了今天的无线和移动通信产业（比如 5G、Wi-Fi 和蓝牙等）；另一路是点到多点的应用，形成了今天的广播电视行业。（见图 2–3）

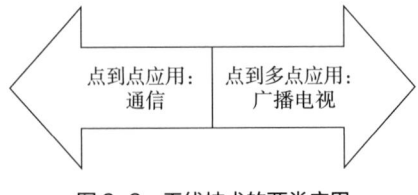

图 2-3 无线技术的两类应用

点到点应用：通信　　点到多点应用：广播电视

最早的无线电话是贝尔联合他人在 1880 年发明的光电话，一种通过光束发送音频的电话。光电话需要阳光才能工作，发射器和接收器之间需要清晰的视线。多年后，光电话的原理才在军事通信和光纤通信中得到实际应用。

1929年,(无线)收音机的平均价格大约是135美元,价格便宜的小型收音机尚未走向市场,但收音机在美国也已有1 200万个家庭用户了。收音机普及之后,美国总统的音质普遍都是一流的。美国总统罗斯福的"炉边谈话"可以说是无线电时代的"推特治国"。希特勒曾命令研制一台成本非常低的收音机,并且能够大批量生产。

大规模的无线技术革命发生在20世纪90年代,从模拟走向数字的无线网络引发了一场从有线到无线的全面转变。无线技术能够支持的通信距离非常宽广,从只有几米的蓝牙到10亿公里的深空无线通信都有。无线支持的应用,包括收音机、手机、个人数字助理(PDA)、寻呼机、无线计算机网络、蜂窝网络、移动互联网、全球定位系统(GPS)、无线鼠标、无线键盘、无线头盔、无线打印机、无线USB、卫星电视、无绳电话、红外和超声波遥控器等。

数字化浪潮

信息产业大致包括了早期的纸质时代和现在的电子时代两大阶段,而电子时代又包括了模拟信号和数字信号两个细分阶段。

存储类技术(摄影术、留声机、电影和电视节目)和传递类技术(电报、电话、无线电通信和广播电视网络)都经历了较长时间的模拟电子时代,也都形成了各自的产业,现在也都走向了数字时代。

计算技术虽然在机械时代就有零星的应用,但都没能够形成规

模化的计算产业，并且计算在模拟电子时代停留的时间并不长，模拟电子计算机还没有来得及发展，还没有来得及"电子化转型"，就到了数字电子计算机的时代。因此可以说，计算机以及由此产生的计算产业，从宏观的角度看是从数字化的电子时代开始的，是数字原生的。

但模拟电子时代的一些成就，即使在现在日常生活中的众多事物的名字中都有遗存，比如，电子计算机、电子商务、电子政务、电子邮件、电子书、电子护照、电子票务、电子档案、电子钱包、电子相册、电子证据和电子签名等。这些以"电子"打头的一些名字，说明了业内人士对这些事物的电子化探索，在模拟电子时代就已经形成一定气候了。

而到了互联网时代，对新事物探索的命名方式，再加字母 e（electronic）就显得有些落伍了，于是就变成前面加字母 i（internet）或后面加".com"了，比如，苹果公司的大多数产品和服务是以字母 i 打头，比如，iPod、iMac、iTunes 和 iPhone 等。现在，联网也不时尚了，于是加定语的方式变成了加"数字"或"智能"了。

在 20 世纪 80 年代，数字信息与模拟信息的占比不到 1%，但 40 多年来数字信息的年复合增长率一直保持在 25%—35% 之间，每 2.5 年到 3 年时间会翻倍，到 2012 年数字与模拟的比例已经颠倒为 99%:1%。表 2-2 概括了一些应用从模拟转到数字的大致时间。

到了 20 世纪 20 年代，随着越来越多行业已经完成从模拟信号到数字信号的转变，信息化工作的重点也发生了变化，从物理信号的"数字化"转向了组织机构层面的"数字化"。

表 2-2　模拟转数字完成的大致时间

20 世纪 50 年代	模拟计算到数字计算机
20 世纪 80 年代	模拟的电传到基于电话网的数字传真 唱片、磁带到光盘
20 世纪 90 年代	模拟移动通信（1G）到数字通信（2G）
21 世纪前 10 年	家用录像系统到 DVD 胶片摄影到数码摄影，胶片电影到数码电影
21 世纪 10 年代	电报的消失；打字机的消失 模拟电视到数字电视；模拟温度计到数字温度计
21 世纪 20 年代	数字化一切

这场数字化浪潮，又可以分为几个阶段或层级。前一层级是后一层级的基础，后一层级是前一层级的应用，相互影响，循环上升，如表 2-3 所示。

表 2-3　数字技术革命的层级

基础	技术
数学和哲学	数字技术整治准备 维纳的控制论，香农的信息论，图灵的图灵机等
物理学、材料学、化学	电子学的诞生和数字核心技术 如：数字逻辑、数字电路、半导体、晶体管、集成电路和芯片
核心技术的衍生、组合和应用	数字计算、数字通信和数字存储 如：计算机、微处理器、软件、数字蜂窝通信、互联网和 Web
计算机和通信的应用	话音、图片、视频、语音、email、游戏、电商、社交和 AI 等

一是以数学和哲学为基础，数字技术理论准备阶段。以维纳的控制论、香农的信息论和图灵的图灵机等为代表。

二是以物理学、材料学和化学等为基础，电子学的诞生和数字核心技术的突破，如数字逻辑、数字电路、半导体、晶体管、集成电路和芯片等。

三是数字核心技术的衍生、组合和应用，诞生了数字计算、数字通信和数字存储革命，如：计算机、微处理器、软件、数字蜂窝通信、互联网和 Web 等。

四是计算机和通信进一步应用，以数字化方式计算和保存信件、书籍、音乐、图片、视频和语音等。在 20 世纪 80 年代，光盘的数字格式逐渐取代模拟格式（如黑胶唱片和盒式磁带），成为流行音乐的首选格式和媒体，音乐行业被认为是从模拟到数字的里程碑。

人类上钩了

随着数字化时代的到来，知识和信息的生产、传播成本急剧下降，信息开始泛滥，本是信息中精华的知识越来越被深度淹没在信息中，海量信息越来越多地伪装成知识的样子。

现在，每个人都成了信息的"吃货"，从工业时代对原子的消化不良，变成了数字时代对比特的消化不良。

人人都成了掌握着某些疑似知识的信息，信息取代了知识赐予人能量，从"知识就是力量"演变成了"信息就是力量"，知识分子也就顺势沦落成了"信息分子"，被算法"投喂"了特定信息的一些人可能会谜之自信，专家失去了对一些知识的垄断，有时也就很像"砖家"了。

由于精华性质的知识被深度淹没在一般性的信息海洋中，绝大多数人在绝大多数时间是在社交媒体和手机屏幕上"浅度学习"。而一个人希望深度学习时，首先需要做的是"深度"挖掘出高价值的学习材料来。

在数字化的信息海洋中，还有能力深度学习的，就是人工智能了，它们拥有"深度学习"的算法和强大的算力，能够以电子的速度夜以继日地遍访天下知识和信息。Epoch 团队的一项研究发现，到 2026 年，GPT 等大型语言模型将"阅尽"互联网上的可用文本数据。（见图 2-4）

图 2-4　人类上钩了，机器在学习（来自网络）

小　结

- 从介质看，信息产业大致经历了纸质和电子两个时代，电子时代又包括了模拟电子和数字电子两个细分阶段。
- 人类历史上的第一次信息技术革命出现在出版业，它也是第一次大规模地把信息商品化。

- 邮政业解决了信息大规模传递的问题，是第一次大规模地为平民提供远距离通信服务。
- 数字技术的普及导致邮政服务中的包裹类业务和信件类业务的大分野。原子性的服务成了物流行业，比特性的服务成了其他数字通信的一部分。
- 爱迪生和贝尔两位大发明家，最初把留声机和电话的用途完全弄反了：爱迪生设想留声机的用途是"有声信件"，而贝尔设想的电话用途是远程听音乐会。
- 电报是电的第一次规模化应用，改变了人类对天气和时间等的认知，重塑了报业和新闻业，催生了中继技术、密码学和监管等，留下沿用至今的"键"和"在线"等说法。
- 电话让建设摩天大楼和住在郊区成为可能，让电子学有了更具体的应用场景，为今天的互联网贡献了诸多智慧。电话号码以前是必须公开登记的，今天则成了个人隐私的一部分。
- 无线电技术的应用很早就兵分两路：一是点到点的应用，它形成了今天的无线移动通信产业；另一个是点到多点应用，它形成了今天的广播电视行业。
- 现在名字中还带有"电子"的，说明在模拟电子时代就已经成一定气候了，比如，电子商务、电子邮件等。
- 人类已经被海量的信息和知识淹没，经常在社交媒体和手机屏幕上"浅度学习"，就剩下机器还在做"深度学习"。

＊ ＊ ＊

原始信息社会不是数字原生，出版业、邮政、音乐、图片和通信等都经历了从模拟到数字的转化。芯片和计算机等硬件是数字原生的土壤，软件是数字原生世界的开端。数字产业兴起后，人们开始使用计算机和互联网做信息交流，这使得全社会开始逐渐习惯于数字化的生产和生活方式，并且发展出了数字原生的思维方式和应用类型等。

第三章
Chapter 3

软件：数字原生世界的开端

> 靠代码行数来衡量开发进度，就好比用重量来衡量飞机制造的进度。
>
> ——比尔·盖茨（Bill Gates）

> 软件正在吞噬世界。
>
> ——马克·安德森（Marc Andreessen）

> 开源并不意味着放弃商业机会，而是开放了更多的商业可能性。
>
> ——马丁·米克洛斯（Martin Mickos）

软件开启了数字世界的大门。但在数字世界发展的早期，软件还只是一种辅助手段，作用主要是解决一些具体问题，可以称在做"软件化"，如办公系统、处理数据、自动化操作、管理资源等，软件的范围和影响相对较小。这时软件通常也只是针对特定的硬件和操作系统进行开发，依赖于特定的编程语言和工具。

近年来，随着移动互联网及云计算、大数据和人工智能等新一代信息技术走向成熟和应用，现在的软件已经不再只是一个工具，不再只是辅助性质的了，而是成了让世界可编程的基石，成了数字原生世界的核心组成部分。

让世界可编程

编程是创建软件的过程，软件是编程的产物。软件是由代码组成的计算机程序或应用程序，通过编写、组织和调试代码来实现特定功能和解决特定问题的产物，可以是一个独立的应用程序、一个库或一个框架，也可以是一个复杂的系统。

在软件原生的数字世界里，各种设备和系统都可以被编程，以实现更多、更高级的功能和服务，比如编程可以为机器人赋予不同

的功能，如执行特定的任务、学习新的技能等。编程让智能家居设备自动化、智能化地运行，编程可以让无人机自主飞行、实现自动化巡检等任务。

计算机与普通电子产品的核心区别来自可编程性，能够进行程序运行和操作系统的加载，可以被重新编程和重新配置。而普通电子产品一般是为了完成一项特定的任务而设计的，往往不具备可编程性。

英文 computer 一词，最早指的是从事计算工作的计算员，而不是现代意义上的指计算用的机器。computer 后来又细分出了 operator（操作员/运维人员）和 programmer（程序员）。

早期计算机工作者的着装没有特殊性，但现在程序员的典型"职业装"是格子衫、牛仔裤和大背包，虽然公司一般不会有这类着装要求。程序员也喜欢自嘲，比如把编程工作称为"搬砖"，把职业为"程序猿"（男性）"程序媛"（女性）"码农"或"码工"等。

计算机能理解并执行的是机器语言，即计算机能直接识别的程序语言或指令代码，但自然语言是人类表达思想的最主要方式。两个世界，两种语言，程序员的编程工作就是在两种语言之间做"翻译"。在数字世界里工作，在现实世界里生活，于是程序员就逐步形成了一种独特的文化形式。当然，计算机文化本就起源于 20 世纪 60 年代的美国嬉皮士和叛逆文化，是平衡嬉皮士右脑与技术左脑的结果。

编程中还有一种重要的翻译工作，就是把程序员生产的、人类可读的、用高级编程语言编写的程序源代码，进一步"编译"成计算机可执行的、二进制机器指令。但工作在这一翻译岗上的不是人类，而是一种叫"编译器"的特殊程序。程序员所从事的是自然语言与机器语言之间的翻译工作,而编译器做的是两种机器语言之间的翻译工作。

"高级编程语言"就是那些对人友好,能够提高程序员编程效率,同时机器运行效率不高和资源占用较多的那些机器语言,比如Python等解释性语言。相对地,"低级编程语言"就是那些更靠近机器二进制本质,同时运行效率高、占用资源少的语言,如汇编语言等。

另外,还有一种相对于高级语言和低级语言的中间层次的原生编程语言,可直接针对特定硬件和操作系统编写代码,具有与硬件相关的特性,但是相对于低级语言更加抽象和易于编写。(见表3-1)

表3-1 编程语言的类型

类型	语言
低级语言	汇编语言、机器语言
高级语言	Python、Java、C++、Ruby、JavaScript、Swift、Objective-C、PHP、C#、Go 等
原生编程语言	C、C++、D 等

人类的高级语言就是机器的低效语言,机器的高级语言就是人类的低级语言。五十多年前发明的C语言,本是一门地地道道的高级语言,但随着高级编程语言家族的不断繁衍,现在看来,C语言貌似成"低级语言"了,也就只好把它归入原生编程语言了。

目前,全球编程语言的类型已经超过了9 000种,其中大约有五十多种比较流行。在一个越来越编程化的世界里,或许不久的将来,"母语"将会指历史上的所有人类语言,"外语"将会指人与机器、

机器与机器交流用的语言。将来你的数字化身，想要在元宇宙里找一份工作，掌握一门这样的"外语"会是极其重要的。

1984年，图灵奖得主尼古拉斯·沃斯（Niklaus Wirth）提出了程序公式："程序 = 算法 + 数据结构"。这个公式对计算机科学的影响，相当于物理学中爱因斯坦的 $E=MC^2$。

算法是数字世界的运行规则，但程序员在翻译真实世界的需求时，常因缺少"机器级"的细节描述，只好自行脑补很多代码来实现所必需的细节，这是算法偏见和BUG的技术性根源，也是程序员自嘲为"码农"和"编程即搬砖"的原因：大量重复性脑力劳动。

为此，在编程的过程中，已经出现了很多帮助开发者提高效率和质量的工具和技术，如集成开发环境（IDE）、版本控制工具、自动化构建工具、单元测试框架、代码分析工具和文档生成工具等。

编程中最新的智能助手，应该是生成式AI（AIGC）了。以ChatGPT为代表的语言类AIGC，可以为程序员提供有关特定编程语言、语法和代码示例的信息和指导，以帮助程序员理解和学习如何将自然语言转化为计算机语言。虽然ChatGPT并没有能力直接将自然语言翻译成计算机语言，但据公开报道，其写代码的能力已经可以媲美Google公司三级程序员的水平，该职位的平均年薪为18.3万美元。

软件的商业化

在计算机发展之初，主流的计算机文化认为，软件是知识而不是商品，开放共享是理所当然的，也没有人能单独靠卖软件赚钱。但到了20世纪70年代中后期，情况发生了很大变化，计算机生产企业越来越多，硬件主导数字技术发展的时代正在过去，控制计算机系统的软件变得越来越重要，计算机应用场景丰富了起来，计算机生产企业再也无力赠送"开放共享"的软件了，客户也需要从独立第三方购买标准化的软件了。

软件商品化有几个重要的里程碑：一是蓝色巨人IBM公司，迫于反垄断的压力，将硬件和软件分开定价，软硬解绑让软件有了独立发展的空间；二是通用的独立数据库和独立操作系统软件在20世纪70年代兴起，并且诞生了甲骨文和微软等软件巨头；三是数字版权法的出台，比如，美国版权局于1964年就已开始接受程序的登记，后又进一步修改法律，明确了由版权法保护计算机软件；四是建立了软件工程，将软件的生产制造由艺术化的小作坊走向标准化的工业化生产方式，用标准、流程和制度来提升软件质量。（见图3-1）

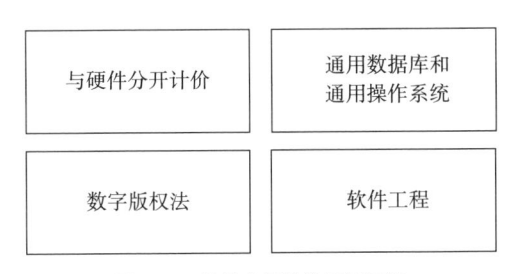

图3-1 软件商品化的重要因素

在20世纪80年代，IBM的PC基本统一了个人计算机硬件市场，但PC的核心软件操作系统还是碎片化的，直接影响了应用软件市场的发展。直到20世纪90年代，在微软用MS-DOS和Windows

统一了操作系统平台后，个人计算机的应用程序才开始腾飞，紧接着就出现了竞争性的开源操作系统 Linux。2000 年后的手机市场与 20 世纪 80 年代的个人计算机市场和软件市场高度相似。直到 2008 年后，在 Apple 用 iOS 统治了智能手机系统平台市场后，智能手机的各种 App 才开始腾飞，紧接着就出现了竞争性的开源操作系统 Android。

新兴的商业软件公司基于工业品的定价模式，同时针对软件的特殊性"转型"出了一些新的商业做法，比如，"版本控制""许可控制""二进制代码"和"禁止逆向工程"以及 Wintel 生态联盟等。以至于软件业有个沃斯定律："软件的速度每 18 个月减半"，或者说"安迪给了什么，比尔都拿走。"

工业品的生产成本远高于后期的维护成本，但开发一个软件只占总费用的 25% 不到，超过 75% 是后期维护成本，使得软件产品以固定的一次性销售收益，支付永无期限的服务成本黑洞。软件企业的核心追求被扭曲了，变成了去研发销售价值更高但实际使用价值更低的软件，以寻找尽可能多的购买者及尽可能少的实际使用者。

软件商业化的这一阶段，把软件当作数字原生的信息商品了，当作第二产业的产品来销售了。

软件的工程化

20 世纪 60 年代前，那个还没有集成电路的年代，计算机的计算能力和存储能力还很弱小，软件往往只是规模较小的特定应用。因此，这时的编程还处于个人时代：个人设计、个人使用和个人操作，自给自足的手艺人和小作坊的生产方式。

到 20 世纪 60 年代中期后，软件规模和复杂度飙升，软件可靠性问题凸显，"软件危机"爆发。这时芯片得到广泛应用，让计算机的算力和存力指数级增长，已经超过了程序员有效使用这些资源的能力。正如"结构程序设计之父"、图灵奖获得者艾兹格·W.迪科斯彻（Edsger Wybe Dijkstra）所言，"当我们有几台弱鸡的计算机时，编程就是个小问题，而现在我们拥有了强大的计算机，编程也就同样变成了个大问题。"

软件开发领域有不少著名的调侃。比如，"90%原则"：代码的前 90% 占开发时间的前 90%，剩余 10% 的代码占开发时间的另外 90%，另外，修复 BUG 的三原则：（1）重启解决 90% 的问题，（2）重装解决 99% 的问题；（3）重买解决 100% 的问题。

软件危机最初的定义是为了提高生产效率，但后来演变成了强调如何提升软件质量，主要表现为超预算的项目、超时运行的项目、软件效率低下、软件质量无法保证、软件经常不符合客户要求、项目管理难、代码维护难、软件从未交付等。

软件危机导致了"软件工程"的诞生，让编程从手工艺走向工程化。这时的编程不再是个人就能够完成的事情了，必须组建专门的团队或企业来负责。编程从个体行为走向了企业有组织的分工协作行为。现在，99% 的程序员在实现需求，不到 1% 的程序员在创造工具和方法。

从 20 世纪 70 年代到 20 世纪 90 年代的 20 多年里，软件的每一项新技术和新实践都会被吹捧为是解决软件危机的"灵丹妙药"，比如工具、纪律、形式化、过程和专业精神等。但所有已知的这些技术和实践，都只是渐进式地改进软件生产效率和质量，并"没有银弹"。

进入 2000 年以后，软件危机逐渐消失了，这不是因为软件工程的进步让软件危机消失了，而是因为人们对危机的心理疲劳，人类心理无法在超过 20 年的时间里长期处于危机应对中。

公司如果不维护代码，随着技术升级，旧代码就会一点点变成 BUG；如果维护代码，只能用新 BUG 掩盖旧有得 BUG。最终只能是补丁摞补丁，"人和代码有一个能跑就行了。"几乎所有的科技公司都有着这类"祖传代码"，形成了规模庞大的"屎山"，每次修正一个 BUG，都得爬到"屎山"的正中央去。路透社 2017 年的一份报告显示，43% 的银行系统和 95% 的 ATM 刷卡设备仍然依赖于 COBOL 编程语言——一种流行于 20 世纪 60 年代的编程语言。根据 IT 现代化公司 Micro Focus 的一份报告，目前全球每天使用的 COBOL 代码超过 8 000 亿行。Visa 公司运行的部分代码还是 1965 年编写的。2023 年 1 月，美国联邦航空局暂停全美所有国内航班起飞，调查后发现竟是因为误删了一份文件。

多年来，软件工程一直持续不断地向更高效、更安全和更可靠的方向发展。近年来，为支持软件原生的数字世界，软件工程的进展主要体现在以下几个方面：

- 低代码/无代码开发平台，可视化的方式可以帮助开发人员更快速地构建应用程序，还能降低开发成本和技术门槛。
- DevOps 是将开发和运维工作整合在一起的一种方法，旨在实现更快速、更可靠的软件开发和部署。
- 人工智能和机器学习技术可以帮助软件工程师更快速地发现软件中的错误和缺陷，并自动化软件测试和维护过程。
- 随着互联网的发展，软件工程师需要考虑各种安全问题，如网络安全、数据安全、身份验证和授权等问题。
- 云原生应用的开发，比如，采用微服务架构和容器化部署。

软件业技术进步神速，但可靠性依然让人诟病。比尔·盖茨在 2004 年的一次演讲中宣称，如果通用汽车公司像计算机行业那样紧跟技术的发展，今天早就可以用一加仑汽油跑 100 英里了。通用汽车公司总裁对此回应道："那阁下的汽车一天内会无缘无故地熄火两次，某些操作会引起汽车熄火，可能重启发动机都无法解决问题，只能重新安装发动机了。"

计算机、智能手机、网络设备、家用路由器和汽车电子设备等保留有"Reset"键的设计，用于重新启动、清除设置或恢复默认状态等。这种用"重启"方式帮助解决问题或故障的方法，在非电子工程领域的实践中是难以想象和无法接受的。

软件工程以工程思维来解决数字产业问题的理念和思路保留了下来，并且在后续发展出了网站工程、网络工程、安全工程和电商工程等，现在又致力于云计算工程、隐私工程、人工智能工程和数据工程等了。

移动原生 App

在移动应用程序的早期发展阶段，本地原生应用程序（Native App）和 Web 应用程序（Web App）之间曾经爆发过非常激烈的争论。

本地原生应用程序是在特定平台上使用原生编程语言（如 Java、Swift、Objective-C 等）开发的应用程序，可以访问设备的所有硬件和软件资源，并提供更好的性能和用户体验。本地原生应用程序针对 iOS 和 Android 等不同手机操作系统要分别做开发。即 Apple 手机的应用无法在安卓手机上，反之亦然，因此需要多平台开发。本地原生应用程序应用将所有的人机交互元素、数据内容、逻辑框架均安装在手机终端上。这种模式的主要目标是确保这类应用在不同操作系统上运行时保持最佳性能。

原生应用程序的缺点也很明显，需要针对每个平台分别开发和维护不同的代码库，这可能会增加开发成本和时间。此外，由于本地应用程序通常需要通过应用商店进行分发和更新，因此需要遵循应用商店的审核和发布政策，这也可能会影响开发和发布的速度。

Web App 是基于标准 Web 技术（HTML、CCS 和 JavaSCript）实现的应用。这种模式下，每次打开 App 的时候，App 应用客户端只需安装应用的框架部分，且都需要先去云端取数据回来呈现给手机用户。这种模式的主要优势能够跨平台运行，但性能相对原生 App 明显要慢。

随着技术的进步和持续创新，本地原生应用程序和 Web 应用程序之间的争论已经逐渐淡化。十多年后的今天，开发者已经开始采用混合应用程序、响应式 Web 应用程序、原生跨平台框架等新技术来实现应用程序的开发。开发者可以根据具体的业务需求和技术条件，选择适当的应用程序开发方式，充分利用各种技术和工具的优势，为用户提供最佳的应用程序体验。

云原生应用

前期的软件商业化，通常基于工业品的定价模式，同时针对软件的特殊性"转型"出了一些新的商业做法，比如"版本控制""许可控制""二进制代码""禁止逆向工程"及 Wintel 生态联盟等。

这是在把软件当产品卖，当第二产业了。随着互联网和云计算的发展，软件的商业模式发生了颠覆性的变化，软件即服务（SaaS）把软件业从卖产品的第二产业，进化到了卖服务的第三产业。SaaS 是一种软件交付模式，其中软件应用程序作为云服务提供给客户。SaaS 应用程序由供应商托管，客户可以通过互联网或其他网络访问它们，并按使用量或订阅模式付费。这种集中式和以租代售的软件交付方式一方面降低了客户成本，另一方面将 SaaS 厂商和客户利益长期捆绑。

电力行业集中供电早在爱迪生时代就开始了，而信息行业将应用程序集中化托管可以追溯到 20 世纪 60 年代。IBM 等大型计算机提供商建立集中式的全球数据中心，向银行和其他大型组织提供计算能力和数据存储服务。到了 20 世纪 90 年代的互联网时代，应用

服务提供商（ASP）扩展了这一做法，为企业提供托管和管理专用应用程序的服务。SaaS 模式消除了对传统合作伙伴和中间商的需求，客户通过网络直接付费使用开发好的软件，编写代码、底层架构的安全保障和运营维护等技术问题都交给软件公司来做。客户只要按月或年付订阅费，甚至连客户端软件都不用安装，就可以直接在浏览器上运行了。传统 IT 外包是研发和人力资源，而 SaaS 外包的是 IT 业务和应用的运营服务，二者都建立在规模经济的理论之上。

SaaS 与云原生应用（Cloud Native App）之间存在着紧密的联系。现在，许多 SaaS 供应商正在采用云原生技术来构建和管理其应用程序，从而获得更好的可靠性、可扩展性、灵活性和创新能力。比如，云原生技术为 SaaS 提供了一种更加灵活、高效和自动化的构建、部署、扩展和管理的方式。云原生技术可以让 SaaS 供应商将应用程序拆分为小的、独立的服务，然后将这些服务打包到容器中进行部署和管理。另外，云原生技术还可以为 SaaS 提供一些关键的功能和工具，例如服务网格、自动化部署和管理工具、监控和日志分析等。

云原生的概念由来自 Pivotal 的马特·斯坦（Matt Stine）在 2013 年提出，并在 2015 年由谷歌牵头成立了云原生计算基金会（CNCF）。云原生也是对数字原生代概念的一种成功扩展，是从人扩展到应用方面。

云原生是在云计算基础设施上，构建和运行可扩展应用的一种应用软件开发方式和最佳实践，以充分发挥云效能。在 Cloud Native App 中，Cloud 表示应用运行在云上，而不是直接安置运行在传统的物理服务器上。Native 表示应用从诞生就是在云计算环境下土生土长的，以强调不是先有应用后来才迁移到云上来的。App 表示这里强调的是应用而不是云基础设施。

云原生应用是一组构建和运行在 Docker 容器的微服务，并且使用 Kubernetes 做编排，使用 DevOps 和 Git CI 工作流进行管理和部署，以帮助企业构建弹性、可靠、松耦合、易管理可观测应用系统，提升交付效率，降低运维复杂度。典型的云原生应用包括云原生安全、云原生数据库等。

如果说资源虚拟化是云计算的 1.0 时代，关注的重点是基础资源的管理和调度问题，更多是从产业侧和供给侧看的，是如何建设好云模式的基础设施，那么云原生就是云计算的 2.0 时代，关注的重点是上层的应用，更多是从用户侧和需求侧看的，是如何帮助企业充分利用好云计算基础设施，构建出弹性、可靠、松耦合、易管理可观测的应用，以提升交付效率和降低运维复杂度等。未来的云计算 3.0 阶段，应该会更加强调以用户为中心，比如用户体验和个性化定制等。（见表 3-2）

表 3-2　云计算的迭代

项目	云计算 1.0	云计算 3.0	云计算 3.0
核心	资源为中心	应用为中心	用户为中心
时间	—2015 年	2015—2025 年	2025 年—
典型代表	虚拟化	云原生应用	低代码/数字原生企业

相较于早期云原生技术主要集中在容器、微服务、DevOps 等领域，现如今其技术生态已扩展至底层技术（如服务器无感知技术

Serverless）、编排及管理技术（如基础设施即代码 IaC）、安全技术、监测分析技术（如扩展包过滤器 eBPF）以及场景化应用等众多方面。同时，细分领域的技术也趋于多元化发展，如在容器技术领域，从通用场景的容器技术逐渐演化出安全容器、边缘容器、裸金属容器等多种技术形态。

云原生打破了软件产业的传统价值链，带来了新的商业模式，让新一代的软件应用从一开始就能够更好地适应云计算基础设施。下一个共建共享和社会化服务的类似场景应该是 AI 原生。

"现代化应用"则是一个更广泛的概念，指利用最新的技术和方法构建、部署和管理应用以满足现代化业务的需求，强调应用的可伸缩性、可靠性和快速交付等特点，通常采用微服务架构、容器化部署和自动化管理等技术。因此，云原生应用是一种特定于云环境的现代化应用，是现代化应用的一种实现方式。

对软件的再认识

到了 20 世纪 80 年代，软件行业经过二十余年的发展，已经清楚表明软件的"二相性"：既具有公共知识的属性，也具有财富的属性。闭源软件的商业化模式，刻意强调保护版权和专利等软件的财富属性，会抑制软件产业的创新和可持续发展。

在反思商业软件时，一些力量对软件性质的认识出现了 180 度的反转，走向了光谱的另一端：自由软件。自由软件希望复古到 20 世纪 60 年代前，软件能够自由地开放共享的原始黄金岁月，让软件成为一种社会公共产品，但这会让软件业的发展失去商业力量的支持。可以说，开源软件是在自由软件运动的启蒙下，向传统商业软件靠拢的产物。当然也可以说，开源软件是根据商业软件的缺陷向自由软件靠拢的产物。（见图 3-2）

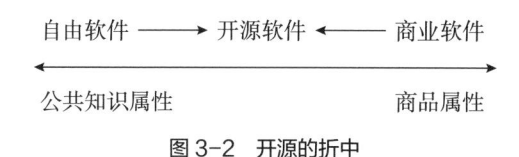

```
自由软件 ——→ 开源软件 ←—— 商业软件
←——————————————————————————→
公共知识属性                    商品属性
```

图 3-2　开源的折中

伴随着 20 世纪 80 年代全球性的社会开放思潮，一场解放软件用户、反对软件封闭的"自由软件"运动由此掀起，领袖是理查德·斯托曼（Richard Stallman）。

版权法默认是禁止共享的，没有许可证的软件就等同于保留版权。因此，所有软件都会带有授权许可：允许或禁止用户做什么。自由软件运动反对将软件私有化的一切形式，包括知识产权、版权和申请专利等。具体做法是巧妙地应用版权法来反对版权，用版权声明软件是否有版权的：任何人都拥有运行、复制、发布和修改自由软件的权利，并且任何人都能够得到自由软件的源代码。

自由软件的核心主张赋予用户充分的自由权，适应了时代的潮流。但自由软件给出的解决方案是反对版权化和商业化，认为软件是知识，商业软件严重限制了知识的共享、传播、创新以及用户权力，主张软件重归开放共享的"原生态"，反对任何的商业化行为。

自由软件运动引领了新思潮，但却开出一剂"老药方"。

相对于商业软件，开源软件在发行时附上软件的源代码，并授

予用户使用、更改和再发布等权利。相对自由软件,开源软件的大多数授权协议允许版权和专利等的存在,不反对将软件私有化和商业化。开源软件对私有化的"红线"是必须开放源代码。

自由软件是精神道德层面的信仰,是对用户自由的基本尊重,是为用户的计算自由而战斗,为自由和公正而战的运动。开源是实用主义的软件开发交付方式,构建了多种许可证以满足不同的场景需求,许可要求是一个更大的范围,允许代码的商业化。

结果,自由软件成了对用户限制最严格的一类开源软件,成了开源软件的子集。在流行的开源许可证中,只有 GPL 许可证的开源软件是不能作为商业用途的,其他许可证虽然有限制,但也是可以商业化的,比如 Apache License 2.0,允许修改代码并作为开源或商业产品再发布或销售。

对开源代码的使用并非完全自由的,具体权限由对应的开源许可证所规定。开源许可证就是软件代码的使用说明书,规定了用这些代码可以做什么,不可以做什么。目前,全球至少有上百种开源许可证,但最流行的开源许只有六种:GPL、BSD、MIT、Mozilla、Apache 和 LGPL。

开源运动自林纳斯·托瓦兹(Linus Torvalds)发明 Git 起,让 Linux 成为第一个意义上世界范围内成功的开源社区。21 世纪的前 10 年,几乎所有重要领域都是闭源商业软件和开源社区并行的格局,比如,PC 操作系统的 Windows 和 Linux、手机领域的 iOS 和 Android、数据库领域的 Oracle 和 MySQL、云计算领域的 AWS 和 OpenStack 等。而到了 2010 年,业界已经发展到几乎所有的新兴领域都被开源"垄断"了。比如，AI 领域的两大流派 Tensorflow 和 Pytorch 都是开源的，区块链领域最重要的比特币、以太坊和 Hyperledger 也都是开源的。

开源不卖代码卖什么

开源不卖代码，那么靠卖什么生存呢？开源软件商业逻辑的基本起点是软件不仅是一堆源代码，不卖代码可以卖"周边"！

比如，软件不同于传统工业品，不是一次性就可以生产出来的成品，而是需要经常性打补丁和升级维护等。开源社区所提供的代码，是靠程序员的兴趣驱动生产的，通常都是些容易引起关注的项目和代码。而程序运行所必需的，软件"下水道"中的"暗活""累活"和"脏活"，开源社区里的程序员一般不愿意干。还有一个，那么多代码都是些"积木"模块，如何组装成一个安全可靠和能够高效运行的系统，仍然是个技术活，因为这些代码片段经常不仅多变并且还不兼容。

多年前的北京中关村电子市场，类似于一个开源硬件的市场，很多人会购买硬件自己组装 PC。但毕竟组装电脑是个技术活，现在还有多少人会自己组装电脑，多少人会选择直接购买组装好的品牌电脑呢？事实是，现在从网上买各种配件，自己组装一台 PC 依然是可行的，但这不如直接买一台品牌电脑划算了。

汽车产业的主要部件都已经是标准化的，并且可以从公开市场上获得，就算是所有汽车配件免费送，又有多少人会选择自己组装汽车呢？同样地，近年来家装大卖场的模式变迁，情况也类似，把

各种建材能够搭配好使用，本身就是个艺术活和技术活。

开源商业公司就像品牌电脑公司，就像整车汽车厂家，就像提供一体化家装的公司。以开源商业公司为中心，在免费许可代码的基础上，开源已经发展出了多种商业策略。这些商业策略的基本假设是用户愿意基于免费的开源代码额外购买附加的功能、服务或其他要素。

这种附加价值包括：提供社区开源版本中尚不可用，能够提高性能和效率的一些功能；提供支撑开源软件正常运行的技术支持、培训和咨询；提供版权或专利侵权赔偿等法律保护，如通过商业保险提供开源使用的合规性支持；根据特殊场景，提供开源之上的企业专用软件开发等。

企业如果选择跳过开源商业软件公司，直接使用社区版开源，虽然没有了"中间商赚差价"，但也因此没有了替企业"背锅"的专业机构。企业购买的不是代码本身，而是服务保障，避免了要直接面对各种软件风险的局面，从而让专业的人做专业的事。

开源软件的典型商业模式有两大类：双版本和订阅服务。双版本指开放核心源代码，但通过发行商业版赚钱；订阅服务指用户购买的不是开源软件本身，而是开源软件的升级、维护和故障排除等技术咨询服务，以及规避财务和法律风险。根据场景不同，双版本和订阅服务在市场上又衍生出了很多不同的具体做法。

开源还有一些常见的补充经费的方式。比如，一些开源组织会销售品牌商品，如T恤和咖啡杯，或者围绕着一个商业合作伙伴网络做质量认证，通过后，授权使用开源的名称和徽标。另外，商业广告和上下文广告，一直以来也是软件商业化的重要手段。

开源是从反商业的自由软件运动修正而来的，其最初的目标就是打破闭源软件公司的垄断，因此在开源运动的初期，商业软件巨头普遍采取了略带敌意的态度。比如，微软曾经一度视开源为"癌症"。但近10多年来，科技巨头对开源从排斥走向了拥抱，这一点无论是从企业对开源社区的贡献，还是从企业发起的开源项目越来越多，都可以看出来。现在，微软公司的口号是"微软爱开源"。但大型科技公司拥抱开源的动机与开源商业公司不同，前者的市场目标更间接些，比如用于完善自己的生态和压制竞争对手等。

开源的蔓延

二十多年来，开源已经对软件行业产生了深远的影响，推动了软件行业的普及和发展，加速了软件技术的进步和创新，同时也促进了社区和文化的发展。这里从信任的模式、协作的范围、从"烧砖"到"搬砖"的编程方式及重新定义标准等四个角度来说明开源带来的重要影响。

信任的模式

对闭源软件的信任，多源于用户对闭源企业已有品牌、过往合作经验和尽职调查的结果，并相信软件厂商对软件的安全和可靠性负有责任。

开源建立起了新的信任模式，信息更对称，权利更分散，用户不再需要完全信任软件厂商，开源信任的主要依据是社区的声誉和

代码审查的结果，而不是软件厂商的承诺。这主要体现在三个方面。

一是代码透明。由于开源软件的源代码是公开的，用户和社区中的开发者可以共同审查和验证代码的功能、质量和安全性，代码的权力分配基于公开的标准化的开源许可证。

二是规则透明。开源软件不仅可以公开源代码，开源社区的决策和运行规则都是公开的，开发者、用户和第三方也都是公开的。

三是过程透明。开源公开了软件的设计、测试和运维等整个过程，开源的所有代码合并过程和决策记录都是公开记录的和可溯源的，这使得整个软件开发和运维过程都得到了更加严谨和透明的管理和监督。

简言之，开源靠社区的声誉和代码审查的结果来判断软件的安全和可靠性，使得软件的可靠性和安全性得到了进一步加强，用户的信任得到了更加充分和有效的保障。

协作的范围

开源改变了传统软件的生产协作范围。开源不仅是交付了源代码，更是将软件协作开发的范围，从企业内部发展到了企业之间的社会化分工合作，从付费方式的公司内同事之间的命令式协作，走向了兴趣驱动的、自愿的陌生人之间合作。开源打破了软件生产时的企业封闭边界，参与主体的流动性更强，可在全球性范围内调度资源。（见表3-3）

现在，领先的企业经常会积极参与开源社区活动，甚至会主导建立起自己产品相关的开源社区。

表3-3 软件开发交付方式

项目	早期	商业软件	开源软件
时间	—20世纪70年代	20世纪70年代—	1998年—
开发主体	个人	企业	社区
合作范围	小作坊	企业内雇员之间	全球性同道之间
代码格式	源码	二进制	源码
版权	—	企业许可证	各种许可证

科技巨头与开源社区之间的关系日益密切。一方面，科技巨头通过对开源社区的贡献，来增强其在开发者社区中的影响力和声誉，吸引开发者使用其产品和服务，并进一步加强其在市场上的竞争力。例如，谷歌、微软、IBM等公司都在开源社区中积极参与和贡献，发布了大量的开源软件和工具。另一方面，开源社区也受益于科技巨头的支持和投入，得到了更多的资源和关注，从而推动了开源软件的发展和壮大。例如，谷歌在其开源平台上为开发者提供了GitHub、Kubernetes、Go等丰富的工具和服务，这些工具和服务不仅促进了开源软件的开发和应用，还吸引了更多的开发者和用户加入开源社区。

科技巨头在开源社区建立的影响力，类似于互联网公司所谓的"私域流量"，即在任意时间可以直接触达用户，无须投放且可无限次反复使用的自有流量。现在，常见的私域流量渠道不仅包括自媒体、用户群和微信号等，也包括了开源社区。

从"烧砖"到"搬砖"

开源也改变了程序员的编程方式。在开源出现之前，编程的方式更加封闭和专有，程序员需要从头开始编写大量的代码来构建应用程序，这往往需要长时间的开发周期和高昂的成本。一些行业专家也会经常回忆，自己当年是什么时候写下的第一行代码，第一行代码的内容是什么。

开源的出现极大地改变了这种情况，因为它提供了开放的代码库。在开源代码库中，只有你想不到的代码，没有你找不到的代码段。程序员可以使用和修改这些代码库来加速开发过程，很多程序员的核心任务就从"制造代码"转向"组装代码"，从"烧砖"走向了"搬砖"。现在的开发工作主要是重用和构建已有的开源代码，做代码组装的场景化适配、用户界面和性能安全调优等，进行调试和测试，这些都使得开发变得更加快速、高效、经济。当然，更优秀的程序员还需要从整体上思考软件系统的设计和实现，优化系统的性能和安全性，同时也需要与其他开发者和团队进行协作和沟通。此外，他们还需要不断地学习和掌握新的技术和工具，以保持自己的竞争力。

同时，开源也为程序员提供了更多的自由和创造力，他们可以自由地修改和扩展开源代码，以满足甲方的需求和自身的创意需求。此外，开源社区的协作和分享精神也促进了知识和技能的快速传播和共享，这使得编程变得更加开放和平等。

开源也加剧了程序开发工作中的"摸鱼"现象。比如，开源让程序员的代码贡献变得更加难以量化，让工作中的"摸鱼"变得更加隐蔽，让一些程序员仅靠优化代码和参数就显得很优秀，让一大批不入流的软件公司仅靠对源码的封装或换皮肤，闭源后就声称"完全自主研发"了。

重新定义标准

开源软件是用计算机语言书写的，公开的机器和算法的行为准则。标准是用人类自然语言书写的，公开的人类或技术的行为准则。开源与标准的市场合作和竞争的起点不同，标准是大家合作制定了文字性规范后从具体实现开始竞争，而开源是大家合作实现了产品的共性部分后从差异化实现开始竞争。

开源对传统标准工作的影响，主要表现在以下几个方面。

一是标准的开放化。传统标准化工作通常是由标准制定机构或组织完成的，而在开源社区中标准制定更多是由社区中的专家、开发者和用户共同参与和推动的。

二是标准的多样性。在开源社区中，由于不同的项目和组织都有可能推出自己的代码级的事实标准，标准的多样化程度也相应增加了。这促进了技术创新和进步，但也会带来一些标准不一致或者互相冲突的问题。

三是标准的协同性。开源社区中的标准制定更多是一种协同的过程，需要各方的共同参与和努力。开源主要是技术圈和程序员的事，但现在开源需要强化与法律组织、监管机构标准组织和传统行业性组织的合作交流。（见表3-4）

表 3-4 开源组织与标准组织的对比

项目	ISO	ITU	Linux 基金会	Apache 基金会
机构性质	非政府 非营利机构	联合国机构	非营利组织	贸易协会
会员模式	国家成员	国家成员	企业会员	个人会员

续表

项目	ISO	ITU	Linux 基金会	Apache 基金会
经费来源	会费 财政支持 出版物收入	会费 财政支持 出版物收入	会员会费 项目管理费	企业赞助
产出物	标准文稿	标准文稿	开源项目	开源项目

软件原生的世界

2011 年，马克·安德森提出了"软件吞噬世界"的观点。他在《华尔街日报》的文章中指出，软件技术正在渗透到各个领域和行业中，改变着人们的生产方式、消费习惯和生活方式，对传统行业和企业造成了巨大的冲击和变革。谷歌、亚马逊、Meta（原名 Facebook）、腾讯和阿里等企业的成功和崛起，都是基于对软件技术的高度应用和创新。

前谷歌高管彼得·诺维格（Peter Norvig）在 2014 年的一篇文章中写道："我们现在处于一个软件原生的世界中，这意味着我们可以把几乎任何事情都变成一个软件问题。"

这些文章都在提醒企业和个人必须加强对这些新技术的应用和创新，如果不能及时适应和应用这些新技术，就有可能被新兴的、基于软件技术的企业所取代。

自从"软件吞噬世界"的观点提出以来，十多年来，软件行业已经发生了巨大变化，比如：

- 移动互联网和智能终端的普及，推动了软件行业向移动互联网和智能终端方向发展，涌现出了很多成功的移动原生 App 和移动互联网企业。
- 云计算技术的出现，使得软件应用可以更加灵活地运行在互联网上，同时也带来了更高效、更稳定的计算和存储能力。而大数据技术的发展，则让企业可以更好地利用数据进行决策和创新，从而提高效率和竞争力。
- 开源软件的兴起，也让软件行业更加开放和透明，可以更快速地发展和创新，让企业可以更加灵活地应对市场变化和用户需求。
- 人工智能技术的兴起，使得软件技术需要更加智能化。

对于"软件吞噬世界"之后的这些重要变化，可以用"软件原生世界"这一概念来描述。"软件吞噬世界"强调的是软件在不同行业和领域的广泛应用，其本质是指软件已经成为世界各个领域的重要组成部分，并在不断推动各行各业的数字化转型。而"软件原生世界"则强调原生代的软件已经不再是简单地被应用于传统的物理世界，而是开始构建一个独立于物理世界的数字化世界。

在这个软件原生的新世界中，软件不仅可用于控制物理世界，还自成一体、独立运行，具有高度的灵活性和可扩展性。原生代的现代软件和应用已经不再是独立和离散的，需要具备跨平台、高可用、高性能、高安全等特点，并且不断地更新和升级以适应快速变化的需求。

2016 年 MIT 工业互联网研究小组发布了《软件原生世界》的

报告，强调软件正在从过去作为辅助工具的阶段，逐渐成为整个社会和经济发展的基础和核心。在软件已经吞噬和改变世界后，新变化不仅体现在信息技术行业，也影响到各个领域的组织和管理方式、商业模式和生产力，未来的数字世界将是一个软件原生的世界。

现任微软首席执行官萨提亚·纳德拉（Satya Nadella）在2016年曾表示，在软件原生时代，软件已经不再是单独存在的产品或服务，而是融入了每一个行业、每一个产品中。未来的软件也将不再是一个单独的程序或应用，而是一种可以自我适应、自我学习的生态系统。他认为，开源和云计算是软件原生的两大关键因素。开源使得软件开发变得更加灵活和高效，而云计算则提供了高效的数据存储和处理能力。

现任谷歌首席执行官桑达尔·皮查伊（Sundar Pichai）在2019年的Google I/O大会上表示，软件原生的核心在于将软件与现实世界更加紧密地结合起来，让软件可以更加自然、无缝地辅助人们完成真实世界中的任务。

小　结

- 编程就是在两种语言之间做"翻译"。高级编程语言就是那些对人友好，但对机器却属低效的语言。未来，"母语"将会指人类语言，"外语"将会指人与机器、机器与机器交流用的语言。
- 把软件商品化有四个重要因素：一是IBM公司将硬件和软件分开定价；二是独立数据库和独立操作系统软件的兴起；三

是数字版权法的出台；四是软件工程的建立。
- 软件是数字原生的信息商品和数字资产。SaaS 让软件业从卖产品的第二产业进化到了卖服务的第三产业。
- 自由软件认为软件具有公共知识的属性，商业软件认为软件具有财富的属性，开源软件认为你们两个说的都对。
- 企业如果选择社区版的开源软件，虽然没有了"中间商赚差价"，但也没有了替企业"背锅"的专业机构。
- 开源让大多数程序员的核心任务从"制造代码"转向"组装代码"，从"烧砖"变成了"搬砖"。
- "软件吞噬世界"强调了软件的广泛应用，"软件原生世界"则强调软件不再只是工具和辅助性的了，而是开始构建一个独立于物理世界的数字世界，是数字生态系统本身的一部分。

* * *

软件和数据是两个密切相关而又不同的概念。软件是一组指示计算机执行特定任务的指令，而数据则是这些指令所操作的输入和输出。数据是软件的输入、输出和支撑，是软件的原材料和产品，是软件得以运行和发挥作用的基础。可以说，没有数据，软件就失去了意义；没有软件，数据则无法得到高效利用和发挥价值。

软件只是一种特殊的数据，也是以数据的形式存在的。近年来，随着软件产业发展成熟，大数据技术的快速兴起，如何让更多的普通数据也能够像软件那样成为一种商品，进而形成一个更大的产业和更多的资产，是当下的重要议题。

第四章
Chapter 4

数据：数字世界的原材料

数据是新时代的石油。
——克莱顿·克里斯滕森（Clayton Christensen）

在数字时代，隐私已经成为一种稀缺资源。
——斯科特·麦克尼利（Scott McNealy）

如果你不付费，那么你本身就是产品。
——安德鲁·刘易斯（Andrew Lewis）

古希腊数学家毕达哥拉斯与他的弟子，曾经组织了一个神秘的社团，将数据宗教化。他们相信万物都包含数，万物都是数，神灵是通过数来统治宇宙的。随着大数据时代的到来，毕达哥拉斯学派的这一信仰似乎已经变成了现实，数据不仅控制了我们的世界，甚至我们都快变成资产的一部分了。

资产的数字化

20 世纪 90 年代，随着信息表示的格式从模拟走向数字，在摄影、音乐、媒体、影视和出版等应用领域，首先出现了"数字资产（Digital Asset）"的概念。

数字资产就是运用个人计算机、数码相机和相关软件工具等，生产制造出的数字照片、数字音乐和数字影视等产品，并且以计算机文件的方式保存在本地或云端。

软件是生存在一个纯粹的数字世界中，从一出生就是数字原生的资产或公共品，没有经历过从模拟到数字的转变过程。但文字、图片、音乐和艺术品等，因为历史久远，都经历过从模拟资产到数字资产的变迁，传统资产的数字化给资产管理带来了多方面的影响。

一是提高了资产管理的效率,让数字化后的资产存储、管理、保护和监管都变得更加容易和可靠。例如,数字音乐、图片和视频可以存储在云端而不需要实体媒体,交易还可以通过区块链技术进行更加高效和安全的管理。

二是资产数字化后,还可以通过订阅、广告和付费下载等多种方式来获取收益。

三是这让传统信息商品可以更容易地在网络上共享和交易。例如,数字音乐可以通过互联网流媒体平台传播,数字图像可以通过社交媒体和在线库存网站分享,数字艺术品可以通过区块链市场出售。

四是这使得这些传统资产可以更轻松地进行复制和传播,让侵权行为变得更加容易,原始作品的价值可能会下降。

数字资产与传统资产的明显不同是数字化让资产的传播变得几乎零成本了,也让数字侵权变得更容易和更隐蔽了。近年来,随着大数据、区块链和人工智能的兴起,数据类资产中又加入了非结构化的数据,混入了个人隐私数据,创造了数不清的数字代币,并且大模型也能智能化生成数字作品了。这些都让数字资产的确权、保护、交换和风险变得更加复杂。

数据的资产化

数据的资产化指将数据从一个简单的信息形式转化为具有商业价值的数字资产。数据资产化可以增加企业收入,改进运营效率,提高客户洞察力和创新等方面的优势。

大数据面对的主要问题是数据太大了，是完成了将原始数据资源化的过程，让数据成为可以被利用的资源。这一步主要包括了数据的清洗和处理，数据的分类和归档，以及数据的分析和挖掘等。参照"数据是石油"的说法，大数据是完成了从原油转换成煤油和汽油等的过程。

接下来，是将数据资源继续发展为数据资产。这时需要建立数据要素的基础性制度和管理机制，包括数据战略、数据治理、数据安全和知识产权保护等，确保数据的合法性、安全性和可持续性。

另外，也要建立合理的数据价值评估机制和数据交易市场，促进数据的流通和利用，从而实现数据的价值最大化。

还要采取合理的技术（比如隐私计算、区块链等）和管理手段，防范数据泄露、侵权、恶意攻击等风险，以确保数据的安全和稳定性。

在完成了数据资产化后，可能还需要基于数据资产进一步增强金融属性，做数据资本等工作。（见图 4-1）

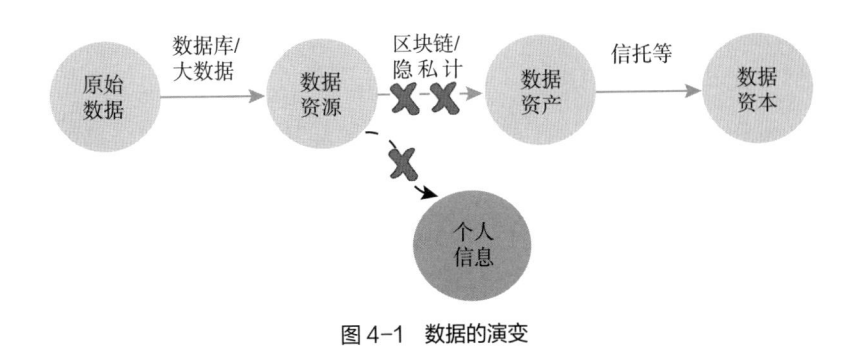

图 4-1 数据的演变

数字资产的天敌

由于信息的特殊性，信息商品的"天敌"一直就是盗版，无论是模拟时代还是数字时代。

随着造纸成本和印刷技术的不断进步，抄袭不止，盗版不绝。在中国，盗版行业已经存在 1 000 多年了，主要有三种形式：一是简单粗暴地直接翻印；二是伪造高价版权书，比如用明版冒充高质量的宋版；三是换皮肤，直接改作者名和原书名后再印。

信息商品从模拟转向数字后，盗版被按下了加速键，特别是在音乐和视频行业。模拟信息在每次正常使用和生成副本时，不可避免地会降低质量，但数字技术却没有这个缺点，可以无限制地复制数字文件而不会降低质量。再后来，随着互联网和点到点（P2P）文件共享应用的发展，不仅是盗版的复制，连传播也变得几乎没门槛了。

美国法律的惯例一直是将软件置于版权法的保护之下，认为编写软件的创造性与写作书籍或创作音乐是一样的。

数字版权管理（DRM）是对数字音乐和软件等数字内容合法访问权的控制和管理。DRM 工具可能会是硬件方式的，也可能会是基于密码和或序列号等软件方式的；可能是外挂的，也可能会是内置的。DRM 的访问控制权包括对数字内容的使用、修改和分发等。

早期保护

1969 年，IBM 公司决定将其软件与硬件分离后，软件盗版问题开始出现。1976 年 2 月，比尔·盖茨给电脑爱好者写了一封公开信，抱怨未经授权使用微软 BASIC 编程语言包的情况太普遍，使用而未购买 BASIC 的"用户"超过了 90%，出售软件版权费算下来，开发人员的劳动每小时只值 2 美元。这封信被看作是软件走向产业化的重要标志，也就是软件反盗版的正式开始。

现在活跃于收藏品市场的磁带，曾经广泛用于记录声音、图像、数字和软件等信号。磁带有一个基本的内容保护机制，就是磁带底部有个写保护的塑料片。如果塑料片在，就可以录音或写入软件；如果那个塑料片已经被翘掉了，就没法写入或录音了。但这一机制，很快就被一块胶布给破防了：简单黏住磁带的缺口就从"只读"变"可写"了。

到了软盘时代，软盘不仅设计有磁带类似的保护机制，还出现了一种不是防黑客攻击，但有些保护效果的"磁盘复制保护"技术。在软盘的制造过程中，公司为了自身利益，会偷偷摸摸地将数字版权保护技术嵌入他们发行的软盘中。

盘外保护

到了 20 世纪 80 年代中后期，数字版权的保护方式从磁盘内走向了磁盘外。应用了这种方法的游戏或软件，会指示用户查看包装盒中软件所附带纸质手册中的某些内容，有时涉及游戏的功能或教你玩法知识，这就同时证明了自己是该软件的合法拥有者。

加密狗出现在 20 世纪 80 年代初，需要把加密狗插入计算机的通信端口，除非能够检测到，否则计算机拒绝允许软件运行。加密狗多用于高端游戏和商业软件，也曾辉煌一时。

到了 20 世纪 80 年代末，软盘、盒式磁带和盒式磁带上的软件让位于 CD-ROM——一种计算机可以读取但不能写入或擦除的光存储介质。到 2000 年之后，DVD 开始取代 CD-ROM。在这一时期，音乐、电影、媒体、软件等领域，为打击盗版做了大量的技术性和政策性努力，同时也是盗版最猖獗的时期。盗版高潮出现的根本原因在于互联网和点对点（P2P）文件共享技术的兴起。

共享网络技术

点对点文件共享是使用点对点网络技术，在用户的计算机之间分发和共享数字内容，如书籍、音乐、电影软件和游戏等。在希望规避侵权责任的压力下，点对点技术的架构不断演进，大致经历了三代。

以 Napster 和电驴（eDonkey）为代表的第一代 P2P 网络软件，使用了基于中心服务器的模式。这一代软件在全球性打击盗版的活动中，因为中心节点的关闭而走向了消亡。

第二代 P2P 网络软件能够在没有任何中央服务器的情况下运行，但仍然依赖于相对集中的部分客户端。后来因为这些特殊客户端不断被采取法律行动，第二代系统也慢慢瘫痪了。

以 BitTorrent 协议为代表的第三代 P2P 网络软件至今还活跃着。第三代网络软件有两个鲜明的特征：一是协议本身是开放的，没有任何个人、团体或公司拥有该协议；二是客户端没有自带的搜索功能，相反，用户必须依靠第三方网站来查找种子文件，几乎完全去中心化了。

无限的战争

"窃书不为盗"，这句出自鲁迅先生名作《孔乙己》的话，道出了孔乙己掩盖内心的尴尬，怕别人知道自己偷了书的迂腐穷酸和自命清高。

但在信息产品的侵权保护方面，"盗版"和"窃书"确实是两回事。从 20 世纪 80 年代开始，"盗版就是盗窃"的口号被广泛使用并沿用至今，但却是不准确的。在《著作权法》中，侵权并不是指盗窃图书等实物而夺走所有者的财产，而是指一个人未经授权行使版权所有者的专有权之一的情况。盗版是侵犯了著作权人的一些权力，但著作权的控制权并没有被剥夺，著作权人还留有一些使用权等。

数字资产的"零元购"活动，在 21 世纪初达到了顶峰。随着千禧年各国纷纷通过数字资产的立法和监管，尤其是 21 世纪 10 年代流媒体技术、社交媒体和 SaaS 的兴起，以及数字内容提供商采用了新一代商业模式，盗版行为才得到明显遏制。

欧盟知识产权局（EUIPO）在 2021 年发布的网络版权侵权报告中显示，欧洲盗版量在 2017 年至 2020 年期间减少了约 50%，其中盗版音乐下降了 80% 以上。

但数字资产的盗版依然猖獗。2021 年 2 月，阿卡迈技术公司与 MUSO 联合发布了一份研究报告，2021 年 1 月到 9 月，全球盗版需求量达到 37 亿次，其中 61.5% 会直接通过访问盗版资源网站来获取资源，而 28.6% 的人群则为主动搜寻盗版内容。

流媒体翻录（stream-ripping）是一种常见的盗版方式，指的是从流媒体平台上翻录歌曲等，然后再将其转换为可下载的文件，用

户可以根据需要脱机使用它们，并轻松地在其他设备或用户之间共享它。

由娱乐业支持的组织数字公民联盟（DCA）分享的一项新研究发现，盗版流媒体网站上12%的广告与恶意软件有关，以至于研究人员多次成为勒索软件攻击的牺牲品。短视频和自媒体中的秒盗、打码、画中画等内容搬运，未经授权进行二次创作、二次剪辑、长拆短、短拼长等，视频素材引用屡见不鲜。

但对DRM技术一直存在争议，主要是因为没有证据表明DRM有助于防止侵权，还会给合法客户带来不便，扼杀创新和竞争。另外，当DRM方案变化或所需服务停止时，消费者所购产品可能就会永久无法访问了，资产莫名地消失了。苹果公司在2009年从其iTunes中删除了DRM技术。

在个人电脑兴起和出现企业级软件之前，软件是不能申请专利的，软件不是计算机之外的独立产品，除了告诉计算机进行更快数学计算之外没有特别的作用，而数学作为自然科学的一部分是不能申请专利的。四十多年的实践表明，用专利保护软件，其效果只比用版权保护略微好点。

当然，业界还存在一种说法：只要有足够的律师和费用，几乎所有发明和内容都可以获得专利权和版权保护，而任何专利或版权都可以在法院受到挑战和质疑。在判决中，获胜者经常只是诉讼费最充足的当事人，而不是真正的创作者或发明人。

还有一些企业会对盗版睁一只眼闭一只眼，这样一是培养潜在用户对自己品牌的知名度和感情，挤压竞争对手的市场空间；二是作为流量入口，以出售正版产品、广告或其他商品。

结构化数据与数据结构化

"将程序像数据一样存储"，1946 年冯·诺依曼所说的"程序"，显然就是本书前面说到的尼古拉斯·沃斯的著名公式"程序＝算法＋数据结构"中的"算法"。换言之，计算机是"将算法像数据一样存储"，因为算法本身也是数据，一类用来表达逻辑和控制的有结构的特殊数据。

因为程序代码和数据长得像，因此经常纠缠在一起。比如，在一个企业中，开发人员/部门的主责主业是代码的生产制造，运维人员/部门的主责主业是跑代码后产生的数据。

因此，当一个软件系统在运行中出了问题时，开发部门和运维部门之间经常会出现两家相互"甩锅"的现象。开发的第一反应是运行配置和数据有 BUG，运维的第一反应是软件代码本身出了 BUG。现在流行的 DevOps 开发运行一体化的模式，目的之一就是把他们两个合为一个，把问题的范围争取限制在"一口锅"里。

数据结构化

数据最早是配合科学计算和算法代码用的，虽有数据结构但没有专门针对数据的管理系统。到 20 世纪 70 年代初，计算机的发展应用产生了"大数据"（相对那个年代）需要管理，于是数据库管理技术诞生，业界开始了专业化开采和管理数据资源的工作。当然，

早期的数据管理工具比较原始，只擅长对付"结构化"的数据，比如，数值型和文本型的数据等。

根据"程序＝算法＋数据结构"的经典公式，算法能够处理的数据，需要事先加以有机组织，需要带着明确定义的结构。反过来讲，能够被算法利用的数据才是资源，否则只是些原始数据。所谓"原始数据"，就是那些因各种原始产生和存储的，算法还无法有效处理的"非结构化数据"。

产生原始数据的典型场景，比如，知道数据存在，但不知道具体在哪里；知道数据的价值，但没技术手段做加工；知道数据的价值和加工方法，但因为各种原因没操作。

结构化数据指按照预定义的数据模型组织管理的数据。结构化数据最常见的是以一种二维逻辑的表达方式，存储在关系数据管理系统中的，可以用标准化结构化的查询语言（SQL）访问和管理的那些数据。数据结构是数据模型的基础，数据操作和约束都建立在数据结构上，不同的数据结构具有不同的操作和约束。

"数据结构"一词产生并流行在大约20世纪80年代，多是在讨论编程的场景下出现，以算法为中心讨论如何构建数据的结构。"结构化数据"和"非结构化数据"两个词语的产生流行在大约2000年后，多是在讲大数据时与关系数据库做对比的场景下，是以"原始数据"为中心讨论如何设计算法加以处理的。

当然，数据结构和结构化数据也有着一定的关系。一方面，结构化数据的存储和管理通常需要使用适当的数据结构来支持，比如使用哈希表或二叉搜索树来优化查询性能。另一方面，数据结构的设计和实现需要考虑具体应用场景中数据的结构和组织方式，比如，使用树来表示层次结构的数据，使用图来表示复杂的关系网络等。

非结构化数据结构是相对于结构化数据而言的，指结构不规则的、结构不完整的或未预先定义数据模型的，很难用传统关系型数据库来管理的那些数据，通常会存储在数据湖、NoSQL 数据库和数据仓库中等，常见的有 PDF、PPT、WORD、图片、音乐、视频等。还有一类介于两者之间的半结构化数据，指已经具有基本固定的数据模式，但不属于关系数据库中表的形式，比如 email、日志、XML 文档等。

2006 年，英国数学家克莱夫·洪比（Clive Humby）提出了"数据就是 21 世纪石油"的说法。他说："数据是有价值的，但如果没有提炼，就不能使用。必须像石油一样转化为气体、塑料、化学品等，以创建一个有价值的实体，推动盈利活动。"

但令人尴尬的事实是，石油在地球上至少存在了几千万年，在 20 世纪前一直就不是战略资源，甚至石油的用途很原始。直到 19 世纪晚期，随着石油的开采、冶炼和运输技术的大幅提升，内燃机和汽车等的发明才有了技术手段将原油"结构化"成煤油和汽油等二次能源，让石油上位成为全球性的战略资源。

大数据技术类似于石油业的冶炼技术和内燃机技术等。大数据技术就是在把数据"结构化"，压缩"非结构化"数据的范围，扩大"结构化"数据的范围，让更多类型的数据能够从原始数据冶炼成数据资源，为进一步成长为数据资产做好准备。

流通新业态

流通产生新的价值，是从数据产品演变为数据商品和数据资产的核心环节。按照数据与资金在主体间流向的不同，可分为数据开放、数据共享和数据交易三种形式。（见图4-2）

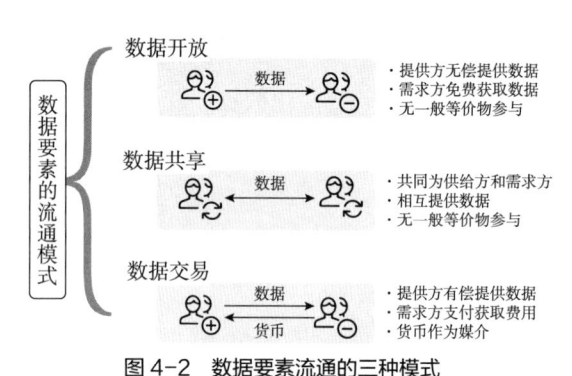

图4-2 数据要素流通的三种模式

来源：中国信息通信研究院。

数据开放

数据开放指提供方无偿提供数据，需求方免费获取数据，没有货币媒介参与的数据单向流通形式。由于数据提供方无法通过开放直接获得收益，因此开放的对象往往是公共数据。

公共数据是指国家机关和法律行政法规授权的，具有管理公共事务职能的组织，履行公共管理职责或者提供公共服务的过程中，收集和产生的各类数据，以及其他组织在提供公共服务中收集和产生的涉及公共利益的各类数据。

需要注意的是，数据开放与信息公开是两回事。数据开放是数据库层面的原始数据记录以机器可读的方式开放；信息公开是对原始数据加工处理后的信息供人阅读，可能是文字、图和表等机器无法识别的格式。

一般而言，公共数据被认为归国家或全民所有，管理、开放等职责由政府或其他公共机构代为行使。由于其公共性，除去个人敏感信息、企业商业秘密、国家秘密之外，公共数据向社会开放可以使其拥有的高价值回馈社会。

从资产的角度看，公共数据类似于公共软件或自由软件。

数据共享

数据共享是指互为供需双方，相互提供数据，没有货币媒介参与的数据双向流通形式。根据共享主体的不同，可分为政府间共享、政企之间共享、企业之间共享等形式。

典型的政府间共享和政企间数据共享，比如，公安部的自然人基础信息、教育部的高校学历学位信息、市场监管总局的企业基本信息和民政部的婚姻登记信息等，长期位于数据共享调用榜的前列，对各类政务服务提供了有力支撑。

企业间数据共享以供需合作需求为牵引，同一生态内企业或上下游企业之间，通过点对点协商约定相互提供数据的具体方式。然而，企业内部协商的模式导致数据共享情况整体处于黑箱状态，具体共享方式、开发利用方式和合规性不够透明，公开资料也较少。

数据交易

数据交易是指提供方有偿提供数据，需求方支付获取费用，主

要以货币作为交换媒介的数据单向流通形式。数据交易可对接市场多样化需求，灵活满足供需各方利益诉求，激发市场参与主体的积极性，促进数据资源高效流动与数据价值释放，对于加快培育数据要素市场具有重要意义，正在成为数据流通的主要形式。

传统的数据交易模式以点对点的方式进行。数据需求方和数据供给方可通过两两协商或平台对接的方式实现数据的采购与流转，具体的点对点交易形式多样。现在，点对点的数据交易规模已相当可观，比如有些大型商业银行每年数据采购金额就超过百亿元。

但点对点交易模式规范程度和交易效率较低，难以大规模推广。点对点交易缺乏有效监管，规范程度不够高。同时，市场中的供需双方信息分散，对接渠道不畅通，交易效率较低。目前，全国各地以设立数据交易机构为主要抓手，鼓励集中式、规范化的"场内数据交易"。

我国自2014年开始，探索建立类似证券交易所形式的数据交易机构。总体来看，早期建设的数据交易机构大都没有找到成功的商业模式。近几年来，随着政策的持续出台，各地新建一批数据交易机构，试图消除供需双方的信息差，推动形成合理的市场化价格机制和可复制的交易制度和规则。

新一批数据交易机构从强化技术支撑、完善配套规则入手，探索在数据要素市场中的立足点、突破点，帮助市场建立信任、保障权益。一是搭建"数据可用不可见"的数据可信流通技术平台；二是发布数据交易规则和交易凭证。

生态建设

如果跨行业从历史角度解读，数据市场的成熟度还达不到卡尔·本茨的汽车产业，爱迪生和特斯拉电力产业，属于非常早期的探索阶段。正如此，围绕数据要素的创新和探索层出不穷。

一是在市场主体方面，数据服务商日益多元。第一阶段先是出现了点对点的流通模式，这种模式的缺点是数据供需方的匹配效率不足且缺乏信任。为此，第二阶段引入了第三方数据交易所，但实践中人们很快发现交易所也无力承担全部服务角色。因此，为数据交易提供撮合、托管、经纪、结算、评估、担保等服务的多元数商，近年来开始受到更多关注。比如，2022年上海提出的打造"数商"新生态，北京提出的建立"数字经济中介"产业体系，广东开展的"数据经纪人"试点等。

二是在数据权属方面，所有权和经营权走向分离。拥有海量数据的机构往往是传统企业、公益性组织和政府机构等，它们往往对数据流通表现得有心无力或者有力无心，普遍缺乏动机、动力或能力。对于公共数据，一些地方开始探索按照法定程序，授权特定主体在一定期限和范围内，以市场化方式运营的模式。还有一些机构探索将金融领域的传统信托模式引入数据流通中来，推出了数据信托产品。

三是在技术基础设施方面，探索建立全球性的统一数据空间。欧盟率先提出了打造国际数据空间（International Data Space, IDS）的概念，希望通过标准化的通信接口、统一的连接与交互网络架构设计等，实现国际间数据可信流通的整体技术设施。欧盟作为IDS

的主要发起者和倡导者，在架构搭建、机制设计、行业生态等方面已形成领先优势。

四是从所交易产品的技术形态看，已经从最早的交易原始数据包为主的1.0阶段，跨过以开放应用编程接口（API）交易数据的2.0阶段，迈入基于安全合规和隐私计算技术的可信交易的3.0时代。

总体来看，对数据要素市场的探索刚刚过了男耕女织和自给自足的自然阶段，进化到小商品化的初级阶段了。数据要素市场中的权利关系、价格机制、流通规则和技术支撑等构件依然还不成熟，需要不断推进相应的理论研究、制度设计和开展实践，将数据从小商品逐步发展到大宗商品。

数据危机

历史上每代人都会遇到用自己那个年代的技术和工具无法处理的海量数据。大数据不是人类历史上第一次遇到海量数据的问题，也不会是最后一次解决这一问题。

技术不仅可以解决老问题，还会产生新问题。"机"和"危"总是在一起，抓住了就是"机"，错过了就是"危"。大数据创造了将数据变成"21世纪石油"的历史机遇，但与此同时，也带来了数据安全和个人隐私的新危机。

史上大数据

历史上最著名的海量数据，莫过于天文数据和人口数据。比如，在远古时期"三"为大，后来是"九"为大，再后来是"成千上万"，以至于用"天文数字"来比喻超级多的数据了。中国最早的已知人口调查数据，是在西汉末年（公元 2 年），统计的全国总人数为 59 594 978 人，现代人已难以想象是如何完成的了。

现代意义上的数据危机发生在 19 世纪中后期，当时工业革命蓬勃发展，全球性贸易大繁荣，而记录和管理这些商品、交易、财富和人口等的信息记录、处理和控制技术，却远远赶不上社会进步的步伐。工业革命让人类驾驭原子的能力突然爆棚，远超过了控制信息的能力。

比如，美国宪法规定，每十年要做一次人口普查，但因为那时美国人口急剧增加，以至于人口普查办公室的职员再也无法通过昂贵且不准确的手工计数来有效地统计结果了。美国 1880 年的人口普查用了 8 年时间才完成，预计 1890 年的人口普查会消耗 13 年的时间。

难题催生发明。曾经的人口普查办公室职员赫尔曼·霍列瑞斯（Herman Hollerith）发明了一种更有效的计数机，使用特殊编码的穿孔卡片，每张卡片都代表一个人的人口普查数据。霍列瑞斯的设备彻底改变了人口普查制表。人口普查办公室租用了一组机器用于 1890 年的人口普查，比计划提前数月完成并且成本远低于预算。1896 年，霍列瑞斯创立了制表机公司，并且经过多次合并和变动，成为后来的国际商业机器（IBM）公司。（见图 4-3）

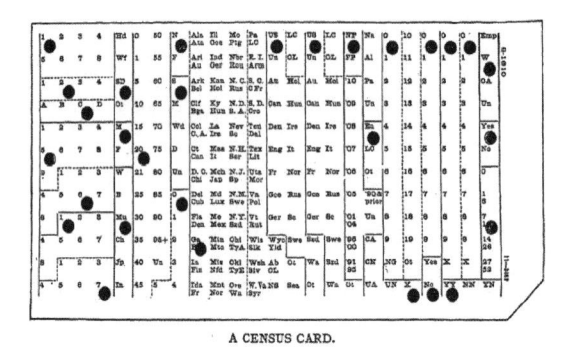

图 4-3　1890 年的一张普通的卡片[①]

这时，业界把制表机归入了"数据处理"行业而不是计算行业，因为那时距离计算机诞生还要几十年。但"超级计算"一词已经被当时的媒体用于指代 IBM 制造的大型制表机，而现在却多指高性能计算机（HPC）。

现代大数据

随着时间的推移，不仅需要处理的人口数据越来越庞大和复杂，人口以外的密码学、军事、科学和办公等更多领域对数据处理的需求也不断增加，通用电子计算机由此诞生，而软件商品化的第一波浪潮就是从数据库方向开始的，尤其是关系型数据库。

到了 21 世纪初，互联网快速兴起，传统关系型数据库无法高效

---

① 左侧四个编号空间中的孔是任意符号，罗列了卡片所属的州和地区，其他"字段"描述了个人特征：此人居住在马萨诸塞州第 924 号查点区，是一家之主的儿子，混血儿，20 岁，单身，出生于格鲁吉亚，父亲在美国出生，母亲在美国出生，说英语，是农业工人，可以读写，没有上过学等。右图是作者用网络上的免费工具生成的对应二维码，可以打开看左图的细节。

地处理"非结构化"（如日志、图片等）数据急剧增长，于是又催生了一个叫"大数据"的技术，以及非关系型数据库变得流行，从技术层面解决了有能力处理海量数据的问题。

经过十多年的发展，随着技术的进步，数据"大"的问题已经基本得到解决，大数据技术已经成熟和开始应用普及，新需求和新问题随之产生。大数据目前主要有三个重要发展新方向。（见图4-4）

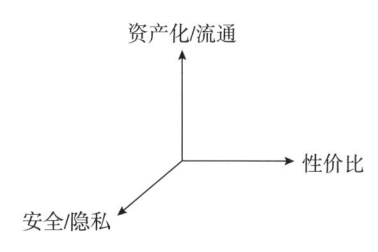

图4-4 大数据的三个重要发展新方向

第一类，快步向前方。大数据面对的主要矛盾是"大"，但现代技术的进步使得"大"已经不是瓶颈了，也不是主要矛盾了，那别的问题就会上升成新矛盾、新问题、新瓶颈。比如，处理大数据还不够快，交互性差，不够敏捷和成本较高等。因此，就有了希望变得更快的流计算和实时计算技术，变得更敏捷的DataOps实践，按需索取数据和SaaS化，变得成本更低的存算分离，以及软硬一体化等的出现。

第二类，提升到上方。大数据以及上面的第一类技术都是假设数据是信息，试图在海量（垃圾）数据中发现和提炼出价值来。但当数据从信息发展到资产阶段，就要从信息的逻辑切换到财富的逻辑，重点是如何把数据变成资产，变成资本，如何发挥出市场在数据要素配置中的决定性作用等。

第三类，巩固好后方。"能力越大，责任越大"说的就是人能力的外部性是责任，但这条原则也适用于技术领域。有红利必有负利，大数据技术进步带来的外部红利是没人会付费的，但产业做大后的负外部性会产生新危机，比如，数据霸权、数据伦理、算法偏见和个人信息保护等。这些课必须尽快补上，必须通过法律法规和监管等加以约束，通过数据治理、脱敏技术和隐私计算等加以解决。

隐私危机

数据被比喻成 21 世纪的石油，历史上也爆发过多次石油危机。在几乎所有的论述中，石油危机都是指石油价格变化所产生的经济危机。其实，我这里提出还有一类石油危机，指石油用途因为新技术革命而受到了重大挑战。因此，石油危机的这两种模式可以分别称为"价格危机"和"用途危机"，而后者是技术性的影响也更为深远。

第一波是石油的用途危机，是因为爱迪生发明了电灯，人们将不再使用煤油灯了，而当时石油的主要用途就是提炼煤油。石油业度过这次危机主要靠的是技术创新，是将石油的主要用途提升到了动力领域，比如汽车、航空等。这波危机只持续了十余年，因此后来几乎被遗忘了。

第二波是石油的价格危机，世界经济受到石油价格变化所产生的经济和政治影响等，迄今已经发生至少三次了。或许，第三波石油危机已经到来，可能会是新能源带来的用途危机，也可能会是战争冲突引发的。

前面介绍过，20世纪60年代中期爆发过的软件危机导致"软件工程"的诞生，改变了软件的手工作坊式的生产方式，提高了生产率和软件质量。面对海量数据处理的"数据危机"，近20多年来，大数据产业在通过各种技术手段解决了"大"的危机后，创造出了数据资产化"机"的同时，也创造出了个人隐私保护的"危"。

现在，超过60%的大数据工作是围绕个人数据进行的。如果说大的问题是"数据危机1.0"，那么隐私危机就是"数据危机2.0"。而从资产的角度看，数字原生的软件和传统资产的数字化都不会引入个人隐私，盗版是数字资产的第一个天敌，但到了大数据时代，个人隐私则上升成了数字资产化的新天敌。

狗仔队的转型

个人隐私的概念诞生于西方。自从西方中产阶级投资于自己的住所，隐私就开始与个人财富水平挂起钩来。一个人所拥有隐私的数量和价值，大致相当于其所拥有的财富。

企业对软件等数字资产的生产成本有个大致范围，价值衡量标准也相对统一。而当把个人信息作为一种资产时，每个人对个人信息的敏感度、包含范围、经济价值以及泄露、滥用带来的危害性等，判断的主观性很大，会导致保护的力度也不同。

对于现实世界中的个人资产，普通人拥有公共安全服务，"联盟级"的社区保安服务，自家门上再安装个防盗门加把锁，安装个监视频控系统，基本就够用了。但对于巨富和名人，可能还需要专门

的私人保镖、安全出行服务和应急保障服务等。

曾经专门嗅探和贩卖明星个人隐私的狗仔队，近年来几乎绝迹了，一个重要原因就是大数据技术的进步。狗仔队不会去嗅探和变现普通人的隐私，因为这样做经济上不划算。但现在，有了大数据这把"魔鬼之剑"，狗仔队也就"成功"地向数字化转型了，把自己打扮成算法的模样，大摇大摆地走入了每个普通人的日常中。

以采集和把个人信息商品化为中心的牟利方式，甚至出现了一个专有名词：监视资本主义。这个概念是在谷歌 AdWords 领导的广告公司发现，使用个人数据可以更精确地定位消费者时诞生的。

数据衍生品危机

几十年后，业界在抓住了数据资产化的机会及化解了个人隐私保护危机之后，必将还会引发新的数据危机。现在是从数据资源到数据资产，下一步会是从数据资产到数据资本，或者还会与 Web3 带来的数字原始的平行金融体系发生共振。

数据将不仅会是大宗商品，还将会是金融产品，创造出大量基于数据资产的金融衍生品，为数字时代的新型金融危机埋下伏笔。数据作为大宗商品及衍生品的金融风险，将会是人类历史上首次发生的"数字原生的金融危机"。（见图 4-5）

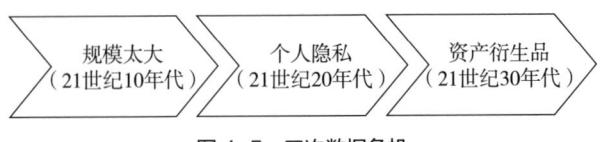

规模太大（21世纪10年代） 个人隐私（21世纪20年代） 资产衍生品（21世纪30年代）

图 4-5　三次数据危机

信息也噪声

不是所有的数据都有成为资产的潜力，比如，有的数据可能会是噪声或是有害的，以至于可能会形成负资产，比如垃圾邮件、错误数据、安全攻击数据及伪造的虚假数据等。

在香农的信息论中，将信号分为信息和噪声两种。香农定理指出，尽管噪声会干扰信息通道，但还是有可能在信息传输速率小于信道容量的前提下，以任意低的错误概率传送数据信息。

人无法应对噪声，只能接收和处理信息。因此，信道的核心工作就是尽可能地减少噪声干扰，增加有用信息量，即所谓的提高"信噪比"。

信息论是从机器和技术的角度考虑噪声的，噪声是机器的技术故障或技术不完善引起的。但随着数字内容的发展，人类逐渐被信息的大洪水所淹没，而这些技术意义的信息中，裹挟着大量人为制造的"噪声"，这些噪声主要包括迷信、暴力、赌博、谣言、深度伪造、木马和病毒等，以至于信息被异化成了"电信诈骗"。（见图 4-6）

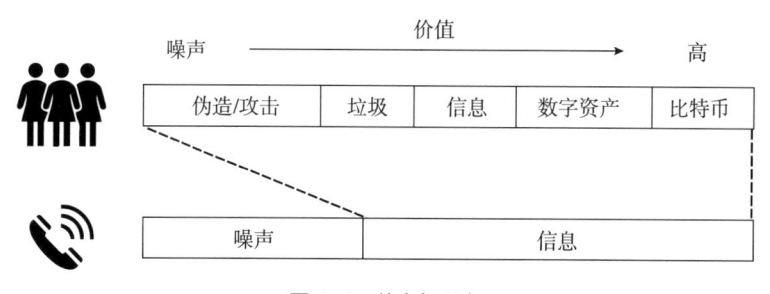

图 4-6　信息与噪声

在香农信息论的基础上，需要从人的角度对信息进一步细分。本书对香农信息论的进一步延展，从"危害"到"代币"都属于机器意义上信息的范畴，但从左到右信息对人的经济价值依次增加，从右到左信息对人的价值依次降低。

以数据为中心

纵观数字产业的发展，可以发现存在一个从硬件、软件、网络、数据再到 AI，需要焦点不断升级，价值中心不断变迁的过程。

在计算机的早期阶段，硬件是数字产业的核心，制造和销售计算机硬件是该产业的主要盈利模式，如 IBM 在 20 世纪 60 年代和 70 年代的垄断地位。随着计算机软件的出现，软件开始崛起成为数字产业的新价值中心，如微软在 20 世纪 80 年代和 90 年代的垄断地位。

随着 21 世纪互联网的普及，科技巨头在大数据的基础上建立了新的垄断，互联网的应用层进入了封闭状态。所有的互联网公司本质上都已经是数据公司了，有的是个人资料、好友关系和即时状态的，有的是购物偏好、消费习惯和账户余额等。

目前，AI/AIGC 正在成为数字产业的新价值中心。随着机器学习、深度学习和自然语言处理等技术的不断进步，AI 模型正在从以算法为中心转向以数据为中心。以数据为中心的 AI 模型中，数据是驱动一切的核心，因此，数据的质量和可用性对整个系统的性能和效果都有着至关重要的影响。（见图 4-7）

图 4-7　价值中心的变迁

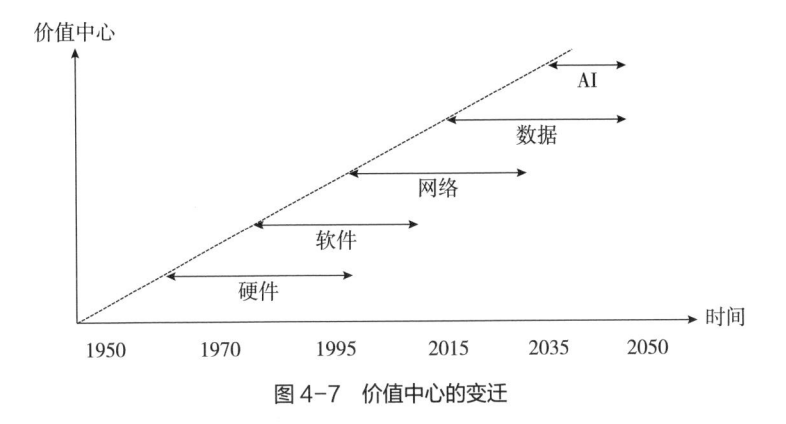

小　结

- 数字资产的概念源于音乐和媒体等行业，形成音乐和视频等资产的数字化副本。后来的软件资产已经发展到只有"数字原本"而没有"模拟副本"了。

- 数字资产大致包括四类：一是传统资产数字化（比如数字音乐电子书等），二是把软件资产化和商品化，三是把普通数据变成资产，四是区块链上的一些加密数据。

- 大数据是将原始数据变成数据资源，区块链和隐私计算等技术是将数据资源变成数据资产。在未来，还会将数据资产变成数据资本。

- 盗版是软件和传统数字资产的最大天敌，现在的数据资产化则又多了个人隐私这个新天敌。

- 数据流通包括数据开放、数据共享和数据交易三种典型形态。

- "数据危机 1.0"是因为数据太大了,"数据危机 2.0"是因为个人隐私需要保护。当完成了数据资产化后,"数据危机 3.0"将会是由数据资产的衍生品造成的,属于"数字原生的危机"。
- 有了大数据这把魔鬼之剑,狗仔队也就"成功"地向数字化转型了。
- 香农的信息论是从机器和技术的角度考虑噪声的,噪声是机器的技术故障或技术不完善引起的。但随着大数据和 AIGC 的发展,越来越多的"噪声"是人为造成的了。
- 从硬件、软件、网络、数据再到 AI,现在的价值中心是数据,下一步的价值中心是智能。

* * *

在以数据为中心的时代,就需要"数据原生"的思维和做法。数据原生就是在企业的业务流程、应用程序和系统设计中,将数据作为一个中心元素来考虑和集成,要求组织在数据收集、存储、处理和分析方面进行长期的投资和规划,以确保数据的质量、安全性和可靠性,实现更加高效、灵活和创新的业务和技术解决方案。

数据原生需要强大算力做支撑。本章中的"超级计算"最早是指用于数据处理的 IBM 大型制表机,而后一章中则指高性能计算了,因为算力已经成为数字世界的动力源。

第五章
Chapter 5

算力：数字世界的动力源

计算机是最快的傻瓜机器，它只能执行你告诉它做的事情，但它又会以你无法想象的速度傻傻地执行。

——格雷斯·霍珀（Grace Hopper）

计算力足以解决所有问题，只要我们知道如何使用它。

——艾伦·图灵（Alan Turing）

算力是新的竞争力。

——彼得·戴曼迪斯（Peter Diamandis）

算力在数字社会中扮演着重要的角色。它支持了数据处理和分析、人工智能和机器学习、云计算和服务等关键领域的发展，推动了科技创新和经济发展。随着技术的不断进步，算力的提升将继续在数字社会中发挥关键作用。

从存力、运力到算力

信息技术主要包括存储、传递和处理三大部分。因为技术难度不同等原因，历史上首先爆发的是存储技术革命，以纸张和印刷术为代表。大约200年前，通信技术革命爆发了，以邮政、电报和电话等为代表。最近半个世纪前则爆发了以处理革命，早期以计算机和连接计算机的互联网等为代表，现在则以数据中心、云计算和算力网络等为代表。计算即处理，处理即计算。（见图5-1）

第一阶段，主要是记忆和存储技术的大爆发，时间段大约是从远古时期到公元16世纪。对人类而言记忆是个稀缺品，忘记是常态，记住是例外，好记性不如烂笔头。2017年，美国斯克利普斯研究所的神经科学家戴维斯发现了主动遗忘的机制，大脑会保留那些它们认为重要的部分，而擦除那些非必要记忆的部分。

数字原生

```
           电子化        数字化
             ↓            ↓
   ┌─────────┐  ┌─────────┐  ┌─────────┐
   │ 文字 纸张 │邮│电报 电话│互│ 计算机   │
   ├─────────┤政├─────────┤联├─────────┤→
   │  印刷术  │  │  无线电  │网│ 云计算AI │
   └─────────┘  └─────────┘  └─────────┘

               通信革命（1800—2000年）
   记忆革命（—1500年）         计算革命（1970年—）
```

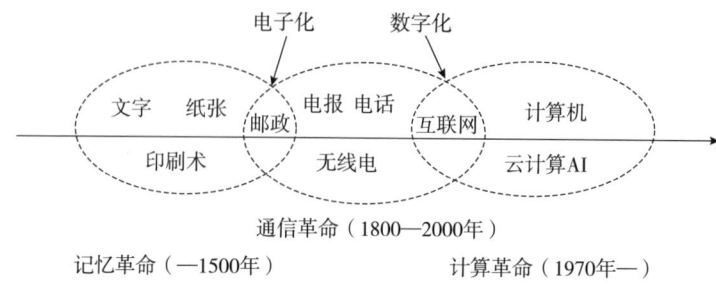

图 5-1　信息技术三波革命

以文字符号的发明为基础，以基于数字和文字的书写、绘画、历法、甲骨文、竹简、纸张、图书、雕刻和印刷术等文字衍生品为代表，形成了一个完整的生态，一起构成了人类记忆的外部设备。

文字与金属、城市一起，成为文明形成的三大要素。现代社会的诸多规则、习惯和道德伦理，都是建立在"人人都有健忘症"的假设上的。从文字、纸张到现代电子存储，是一个外挂式记忆开挂的过程，也是一个人类生物性记忆能力逐步"演退"的过程。

在还没有文字的年代，朗朗上口的诗歌体裁和方便长久记忆的故事形式被发明出来，那只是为了适应"传"只能靠"说"的技术现实。游吟诗人依靠自身强大的记忆力和表演力传播诗歌，是那个时代的明星和偶像。但随着文字的发明，游吟诗人逐渐消失在历史的长河中，代之以无比简洁的文字记录，从"说"到"记"，从"传说"发展到了"传记"。

直到明朝年间，造纸术和印刷术的持续进步才让文字记录平民化了，文字的功能也逐步"脱实向虚"，从简洁纪实发展到长篇虚构的小说和戏剧等体裁了。数字技术让记录的成本几乎为零了，出生和成长于数字时代的数字原生代所面对的是两个极端：一端是海量，各种垃圾信息和各种爽文满天飞；另一端是简化，各种智能推荐、网络段子和短视频流行。

古希腊哲学家苏格拉底对文字的兴起深感担忧，认为这会导致记忆能力的下降和思考深度的减弱，幸亏他的这一言论被柏拉图用文字记录下来了，才能够流传至今。作为苏格拉底的学生，柏拉图在《斐德罗篇》中指出，文字记忆威胁着知识的记忆，最好的方法不是写下来，而是烂熟于心。

记忆技术是文明传承的基础，是文明的空中桥梁和时间隧道。大约1500年，西方基于金属微模块的活字印刷术，让基于文字和书籍等知识可以更低成本、自动化和规模化传播。"印刷大数据"时代的到来，知识开始在西方平民化，引发了后来的文艺复兴、启蒙运动、宗教改革和科学革命等。

第二阶段，是远程通信技术的大爆发，时间段约为1800—2000年。这一时期，全世界逐步建立起了现代邮政系统，让大规模和远距离传递信件走向平民化，但只能非实时地传递事先存储好的信息。而更大的成就，体现在依靠电磁技术的进步，解决了通信基本靠吼的历史难题"千里眼顺风耳"的梦想得以实现，因为可以低成本地实时传递信息了。

1800年以后，人类初步掌握了电子知识，并且从经验开始建立起了理论体系。以远距离传递文字为目标的电报，以远距离传递话音为目标的电话，以远距离传递视频为目标的电视等先后问世。另外，传递信息的介质也从有线方式扩展出了无线方式，又从模拟信

号方式进化到了数字信号方式。

第三阶段，是从大约 20 世纪 70 年代至今，以数字化、计算机和互联网为代表。这一时期之前是理论准备阶段，克劳德·香农从理论上证明了，信息是一门科学而不是奇技淫巧。阿兰·图灵从理论上证明了，构造一台通用的计算机器是可行的。冯·诺伊曼则从工程上设计了现代计算机的体系结构等。

这一阶段的里程碑是以电子学的发展成熟、以集成电路和芯片为代表的数字核心技术的突破、计算机和软件产业的兴起、互联网的诞生等为代表。尤其是进入 21 世纪以来，智能手机、云计算、人工智能、数据中心和算力网络大发展，一个以计算为中心的时代已经到来。

在很多情况下，存储、通信和计算是可以相互转换的。比如，计算机缓存机制是用存储能力换取计算性能的提升，内容分发网络（CDN）技术是用存储能力换通信性能的提升，音视频编码技术是用计算能力换取存储资源和通信带宽，边缘计算技术是用本地化计算换取通信性能的提升。

历史上，通信网络从诞生不久一直就是基础设施，是服务主导型的第三产业，主导力量是电信运营商。但在云计算诞生之前，计算和存储行业却是制造业主导型的第二产业，先后是硬件制造商和软件制造商主导了行业的发展。进入 21 世纪以后，随着云计算的兴起，算力和存力也走向了网络化和服务化，一批算力服务商正在快速壮大。现在运营商的概念已经不仅指电信运营商和网络运营商了，也包括了云计算和数据中心等的算力运营商了。传统电信运营也不仅只是个通信服务商了。

几千年来，人类的存储、通信和计算技术一直都是在发展的，上面只是大致归纳了技术爆发的三个高峰段。比如，在存储爆发的时代，还有算盘、烽火通信和驿站等；在通信爆发的时代，有留声机和电影等的发明，更有计算机的发明；在计算爆发的时代，各类机械和固态存储、互联网和移动通信等仍然在飞速发展。

一项研究发现，在 1986 年至 2007 年期间：

- 通过单向的广播网络接收信息的技术能力，以 7% 的复合年增长率持续增长；
- 存储信息的技术能力，以 25% 的复合年增长率持续增长；
- 通过双向通信网络交换信息的有效能力，以 30% 的持续复合年增长率增长；
- 在人工引导辅以计算机的帮助下，计算信息的技术能力以 61% 的持续复合年增长率增长。

* * *

从文字、图片、声音和视频，从存储、通信到计算，两个维度上的技术难度都是依次增加。这就直接导致了一项新的信息技术革命，大多是从文字的存储开始，最高潮是语言和视频的智能分析处理。从文字的电报、声音的电话、视频的电视再到融合的互联网，从计算机的文字处理、图形图像处理再到机器视觉，从文字的互联网、图片和声音的互联网再到视频的互联网，发展路径莫不如此。

- 文字的存储革命发生在 1500 年前，以造纸术和印刷术为代表；文字的通信革命发生在 19 世纪 40 年代，以摩尔斯电报为代表；文字的大规模机器处理发生在 1950—1960 年，以计算机技术为代表。
- 声音的存储和通信技术；同时发生在 19 世纪 70 年代，代表性的是 1875 年爱迪生的留声机和 1877 年贝尔的电话；声音的计算技术则已经是 21 世纪 10 年代了，在深度学习技术的加持下自然语言处理和机器翻译取得了长足进步，但公认超越人类的语言水平是已经到 2022 年下半年了。
- 照片的存储是路易·雅克·曼德·达盖尔在 1835 年发明的。电影是一种大规模存储移动图形的技术，电视是一种高容量传递移动图片的技术，二者几乎是同时开始探索的。电影是 1895 年 12 月 28 日法国人卢米埃尔兄弟发明的，电视是贝尔德直到 1925 年 3 月才发明的。视频的大规模处理技术，以视频游戏应用为代表，产业界的视频编码开始于 20 世纪 80 年代，机器视觉的错误率低于人类的错误率，发生在大约 2014 年。

需要注意的是，机器处理自然语言的能力超越人类水平的时间点，比机器视觉晚了大约 10 年。这是因为，语言的处理相比于视觉的处理更具挑战性。语言是一种更加抽象和复杂的形式，语法结构复杂，涉及情感、主观性等因素，有更多的歧义和上下文依赖性。此外，语言模型需要处理的文本数据量更大，模型的训练和调试也更为复杂。

算力是"三次能源"

能源的利用水平决定了一个社会的生产力水平，也就决定了一个社会的经济社会发展水平和社会文明程度。在能源领域，为了体现能源的利用水平，有"一次能源"和"二次能源"的区别。但在数字时代，算力是数字经济和数字社会的核心力量，因此，还需要建立"三次能源"的概念。

一次能源指以自然界天然存在的能源，如原煤、原油、天然气、水能、核能、风能、生物质能、水能、地热能、海洋能、潮汐能、太阳能等。一次能源又被进一步分为可再生能源和不可再生能源，前者指能够重复产生的天然能源，如太阳能、风能、水能、生物质能等，这些能源均来自太阳，可以重复产生；后者用一点就会少一点，主要是各类化石燃料、核燃料。

二次能源指以人类活动的特定需求为目的，加工转换所生产的能源产品，如电力、煤气、焦炭、蒸汽、热水和汽油、煤油、柴油、重油等石油制品。在社会生产过程中排出的一些余能，如高温烟气、高温物料热、排放的可燃气和有压流体等，也可以算入二次能源。二次能源和一次能源不同，它不是直接取自自然界，只能由一次能源加工转换以后得到，或者由一种二次能源加工转换成另一种二次能源，转换过程中必定会有一定程度的损耗。严格意义上，二次能源是转换来的，应该叫"二次能"，与能源危机无关。

加拿大能源历史学家瓦茨拉夫·斯米尔在《能量与文明》中指出，能量的利用能力决定了文明的发展水平。能源是能量的源泉，

从远古时期开始，人类就已经开始钻木取火，架设水车和风车等，开始利用各种生物质能、水能和风能等一次能源，人类社会由此进入了农业社会。

自第一次工业革命以来，煤炭、原油和天然气等化石能源的获取和使用能力，在很大程度上决定了大国的兴衰。英国因为拥有丰富的煤矿，并发明能够高效使用煤炭的蒸汽机等机械，成为工业革命的发祥地和"日不落帝国"。

第二次工业革命对石油和天然气的利用塑造了"美国世纪"。到19世纪末，电力把各种一次能源都融合、统一到了电力能源，并且通过电网输送到地球上的每一个角落，让人类进入了第三次工业革命，再把电转换为电力、照明等。

电力网络在统一能源方面的历史贡献，与今天的互联网在统一信息世界的贡献高度相似，后者用二进制、计算机、Web和云计算等技术统一了文字、图片、声音、视频和数据等的生产、传输和应用。而互联网是基于电力网络提供能源的，本身也只是电力网的一个"增值业务"。消费者手里的计算机、手机、App和小程序等就像是电力网络中的用电设备，是算力网络中的各种"家用算器"。

第三次工业革命的重要标志是电气化，是对二次能源的广泛使用。现在第四次工业革命的核心是数字化，将会对算力进行广泛使用。从电力谈到算力，就需要引入"三次能源"的概念了。

先向后数。

数字行业多是从"零"，而不是"一"开始数数。一次能源又是从哪里来的？当然，是从"零次能源"来的。但探究零次能源的问题和定义，已经不属于数字行业的范畴了，属于物理学家和宇宙学家等的工作了。

再向前数。

整个信息通信业就是一个生产、运输、调度、管理和应用算力（能源）的过程，一个围绕算力或者说三次能源运转的行业。"算力"一词最早出现在比特币场景时也被称为"哈希率"，是衡量生成比特币新区块的总计算能力的度量单位。现在，这一概念已被扩展到数据中心、云计算和大数据等领域，通常指设备或系统，通过处理数据实现特定结果输出的计算能力。

前面讲过，技术革命成功的基本标志是成为一个新产业甚至新行业。技术成功的顶配标志是该技术成了一种新型的基础设施，接着孕育下一代。

前几次工业革命建设了运河和公路网，建设了铁路、港口和邮政服务等，兴建了电力、水力、州际公路、机场、炼油中心和酒店等，而数字时代建设了芯片制造厂、通信基站、光纤和数据中心等。现在迈入了数字社会，需要建设新型基础设施，尤其是重点发展算力基础设施等。

数据中心就是计算机

数据中心位于新基建和老基建的交叉路口上，一半是风火水电等传统基建，一半是服务器、存储设备和安全防护等新基建。数据中心与云计算的关系是这样的：数据中心就是计算机，对应于计算机硬件部分；云计算就是操作系统，对应于软件部分。

20世纪80年代，数据中心的乳名叫"机房"，强调的是供机器居住的房子，但只是堆放计算机的仓库限制的房子，不是专门为计算机而设计建造的。

到了二十多年前，互联网兴起，原来堆放大大小小的计算机的房子，变成了主要是处理和存储互联网各种数据的地方，其复杂性和重要性的提升就需要专门为各种互联网服务器设计建设专门的房子了，称呼也多出一个，叫"（互联网）数据中心"，强调的是以数据存储为核心目的，淡化了"房子"的概念。

最近十多年，随着云计算、边缘计算、物联网和AI等的发展，数据中心的类型也变得丰富起来，给数据中心前面加的定语就多了起来，比如，云数据中心、大数据中心、缘数据中心和智能数据中心等。

随着新型数据中心日益走向高技术、高算力、高能效和高安全，现在业界出现了一个新名字——算力中心，希望能够一统各类大大小小的数据中心。（见图5-2）

图5-2 从机房到算力中心

与原来数据中心的名字相比，算力中心更强调自己的核心职责，从数据存储走向了计算服务，并且已经呈现一些新特点：

- 从简单追求算力的数量增加,到关注算力服务的质量改善。比如,以前数据中心更多比拼的是服务器数量、机架数目、出口带宽、功率和机房面积等,现在算力中心更多关注算效、功率密度、服务水平和算力多样性等。
- 从工地演进到工厂。算力中心的预制化、标准化、模块化和工程化程度持续加深,让之前更像建筑工地的数据中心,向着更像算力生产的标准化工厂发展了。
- 从纯商业到社会化属性。算力中心已经不是单纯的商业行为了,而成了保障整个数字社会正常运转的基础设施,公共性和基础性更加突出。
- 从关注节能到关注减排。近年来,算力中心一直高度关注绿色化发展,并且取得了长足的进步,但现在绿色化方面的油水榨得差不多了,优化空间已经很有限了。在双碳目标下,算力中心在做好绿色节能的同时,也开始更关注如何减排的问题了。

既然数据中心已经发展成了算力中心,数据中心就是计算机,那么反过来讲,计算机的历史就应该是数据中心的未来。上面介绍的数据中心的未来发展趋势,其实只是计算机发展史的一次"重演"。

让计算像行云般丝滑

操作系统是管理计算机硬件与软件资源的程序,是计算机中的基础性平台性软件。现在，这一概念不仅被从计算机延展到了功能手机、智能手机、网络、物联网、机顶盒、智能汽车和 VR 眼镜等领域，甚至出现了城市操作系统、区块链操作系统和 AI 操作系统等概念。

相比计算机的操作系统，如果说数据中心就是计算机，那么云计算就是个大号的操作系统，一个管理数据中心硬件与软件资源的基础性平台性软件。经过十余年的发展，云计算已经发生了很大的变化。

一是服务类型，从只有通用而集中的一种云计算模式，发展到边缘计算、高性能计算、大数据云、分布式云等多种类型。部署方式从公有云、私有云、混合云和多云等发展出了分布式云、专属云和托管云等。云计算的早期发展（尤其是公有云）已经证明了云计算是靠谱的，现在正在进一步丰富云计算的品类，目的是进一步证明云计算是好用的。

二是服务模式，从 IaaS/PaaS/SaaS 三大件发展出了 aPass（应用 PaaS）、iPaaS（基础设施 PaaS）、MBaaS（移动后端即服务）、FaaS（函数即服务）等新业态，进一步丰富了服务形态。

三是应用层面，发展出了"云原生"的概念。云计算迁徙的发展重点是如何有效地管理资源的，大约 2018 年前后，业界将技术发展的重点从底层资源转向了上层应用，创造出了云原生的概念以期更好地发挥出云基础设施的价值来。云原生相较于早期云原生技术主要集中在容器、微服务和 DevOps 等领域，现如今其技术生态已扩展至底层技术（如服务器无感知技术 Serverless）、编排及管理技术（如基础设施即代码 IaC）、安全技术、监测分析技术（如扩展包过滤器 eBPF）以及场景化应用等。同时，细分领域的技术也趋于多元化发展，如容器技术从通用场景的容器技术逐渐演进出安全容器、边缘容器和裸金属容器等多种技术形态。

四是值得信赖的云计算，应用层面走向云原生的同时，在底层资源层面的重大技术创新相对停滞，开始转入了大规模建设的新阶段。随着云计算基础设施的建设，让云计算变得更可靠、更安全、更易用、成本更低和更加普及等变得日益迫切，由此诞生了零信任、云原生安全、DevSecOps、混沌过程和低/无代码等技术。

云计算刚诞生时的宣传口号，是"像水电一样提供计算服务"。现在，云计算的发展目标应该是"如行云流水般丝滑"。

算力的网络化

就像早期的电力主要是通过直流方式进行本地化供应的，后来才逐步利用交流技术走向了网络化的电力服务，计算也从最早的单台计算机方式，通过云计算和边缘计算等逐步走向了网络化的算力服务。

云计算是一种中心化的算力提供方式，因为资源共享带来了规模效应。但与此同时，集中化计算也存在因为距离用户较远带来的时间延迟，托管带来的数据安全和隐私保护等顾虑，以及法律和监管对数据流动和处理的合规性要求挑战。因此，大约在 2014 年出现了边缘计算的概念，即就近向用户提供计算服务，以提供更快的算

力服务响应，满足业务在实时性、安全性、隐私保护和合规性等方面的需求。

现在，随着云计算和边缘计算的发展，云与网络、云与云、云与边缘以及边缘与边缘之间，如何做算力的协同就成了一个新课题，于是算力网络的概念就顺势兴起了。

算力网络是一种通过网络分发服务节点的算力、存储和算法等信息，结合网络信息（如路径、时延等）和针对客户需求，提供最佳的算力资源分配及网络连接方案，并实现整网资源的最优化使用的新架构（ITU-T 的定义）。

算力中心、云原生、算力网络和"东数西算"等概念，是业界开始探索算力网络的重要标志，都是为了如何大规模、更低成本地提供算力服务。但如果参照电力网络，目前算力网络的发展水平还相当于刚刚结束了爱迪生和特斯拉的电力大发明时代，开始了进入大规模建设电力基础设施的阶段，只是二者在时间上整整差了 100 年。

算力生成所消耗的核心资源是电力。21 世纪初曾经出现过计算机、电话网和广电网的"三网融合"，相信未来会出现"新三网融合"，即通信网络、算力网络和电力网络的新一轮融合，以寻求算力时代在经济层面和技术层面的最佳组合。

原生的芯片

芯片位跨在原子的物理世界和比特的数字世界之间，将数字世界中的能量转换和信息处理的核心引擎。芯片就像是电力系统中的发电机，与发电机将机械能转化为电能相似，将电子信号转化为数字信号，实现数字信息的处理和转换。芯片也像发电机一样，需要外部的支持系统（比如软件和算法等）来控制和管理其运行状态。

芯片的最基本制作工艺，源于本书前面讲到的印刷术，是印刷术发展到2.0阶段了。在这个阶段，芯片的印刷方式已经不是铅而是用光（激光）在半导体上印刷电路图了，印刷材质也从纸张变成绝缘基板了，所印刷的内容也从文字图片发展到电路板了。（见表5–1）

表5–1 印刷术的演进

印刷术	1.0	2.0	3.0
材质	纸张	绝缘基板	硅晶圆
耗材	油墨	铜、锡	光刻胶
内容	文字	电路图	电路图
产品	书刊	电路板	芯片

在把印刷术用于电子产业之前，无线电业余爱好者将裸露的铜线或端子条钉在木板上（即"面包板"，早期其实就是用的切面包的木板），后来是将电子元件焊接到线路板上，电子元器件之间的互联都是依靠电线直接连接。

用印刷术制作电路板简化了电子元器件的工艺，减少了电子零件间的配线，也降低了制作成本等，成了现代电子产业中电子元器件最重要的支撑体和连接载体。

光刻技术可以被视为一种高精版的印刷电路板技术。光刻是使用光在基板上（例如硅晶圆）用合适的材料生成精细图案薄膜的技

术，以便在随后的蚀刻、沉积或注入操作中保护其选定的区域。同时，光刻技术也与摄影术有诸多基本共性原理，因为光刻胶中的图案是通过将其暴露在光线下来创建的。与传统光刻相比，该过程的后续阶段与蚀刻有更多的共同点。

在整个现代芯片制造工艺中，几乎每个环节的实施都离不开光刻技术，已经成为制造芯片的最关键技术，占芯片制造总成本的35%以上。光刻机是芯片之母，芯片是数字产业的动力源，就像机床是工业制造之母，电机是电力工业之母那样重要。

芯片是由不同的集成电路或者同一类型的集成电路组合而成的产品，也是集成电路的主要表现方式。集成电路是把一定数量的常用电子元件，如电阻、电容、晶体管等，以及这些元件之间的连线，通过半导体工艺集成在一起的具有特定功能的电路。

最早期尝试将多个电路组合在一个设备上的是一位德国工程师，初衷却是为了避税。因为根据当时德国的法律，无线电接收器的税收的多少，取决于无线电接收器中电子管的数量的大小。另外，自从芯片问世以来，一些设计人员也喜欢在硅表面上做些隐秘的和非功能性的图像或文字，被称为"芯片艺术"。

与分立元件电路相比，集成电路有两个主要优势：成本和性能。成本很低是因为芯片及其所有组件都是通过光刻印刷作为一个单元印刷的，而不是一次构建一个晶体管。此外封装芯片使用的材料，也比分立元件电路少得多。性能很高，是因为芯片的元件开关速度快，并且由于体积小且距离短，功耗也相对较低。集成电路和芯片已经成了现代计算机、手机、汽车和各种家用电器，得以大规模和低成本生产的基础性技术，成了数字社会底层的基石。

杰克·S.基尔比（Jack S. Kilby）被誉为"第一块集成电路的发明家"，而罗伯特·诺伊斯（Robert Noyce）被誉为"提出了适合工业生产的集成电路理论"的人。这两人对芯片领域的贡献，就像卡尔·本茨等对汽车业的贡献，就像爱迪生和特斯拉对电力领域的贡献。后来，随着工艺的持续改进，芯片的体积呈现指数级下降和运行速度指数级增长的趋势，这一趋势被戈登·摩尔（Gordon Moore）总结成了"摩尔定律"：集成电路上可以容纳的晶体管数目，在大约每经过18个月到24个月便会增加一倍。换言之，处理器的性能大约每两年翻一倍，同时价格下降为之前的一半。不过，近年来摩尔定律已经明显减速到大约24—36个月了。

从本书探讨转型和原生的角度看，开始时是把电路作为基础和原型，通过持续地"集成式"创新和转型就有了集成电路。而随着一些集成电路，逐步脱离了电路原型而定型成了芯片的模样，就越来越多地改叫芯片了。参考无马马车和汽车产业的历史，集成电路的说法类似于无马马车，强调的是电路转型的过程，是把电路集成起来，还更像是电路。而芯片的说法则相当于把无马马车改名叫汽车了，因为几乎看不到电路的影子了，强调的是电路转型的终点。

集成电路是芯片的实现方式，芯片是集成电路最重要的表现形式。集成电路说的是电路在向集成化方向"转型"，芯片说的是转型的最终结果是一种叫"芯片"的新事物。

当芯片的发明让硬件核心技术基本定型后，按照汽车和电力等技术性行业发展的历史规律，就该进入如何大规模生产制造芯片的新阶段了。1968年成立的英特尔公司在芯片行业的作用类似于汽车业的福特汽车公司，从此芯片进入了能够大规模生产的产业化阶段，技术工艺而不是原材料（沙子）成了芯片制造业的核心竞争力。

目前，芯片的类型已经非常丰富，常见的类型有：

- 存储芯片：主要用于存储数据的芯片，例如固态硬盘（SSD）中的闪存芯片、内存条（RAM）中的动态随机存储器（DRAM）芯片等；
- 传感器芯片：主要用于采集和处理传感器信号的芯片，例如加速度传感器、陀螺仪等中的传感器芯片；
- 通信芯片：主要用于通信和数据传输的芯片，例如 Wi-Fi 芯片、蓝牙芯片等；
- 显示芯片：主要用于驱动显示屏的芯片，例如 LCD 显示器中的控制器芯片、OLED 显示器中的驱动芯片等；
- 电源管理芯片：主要用于管理电源的芯片，例如笔记本电脑中的电源管理芯片、手机中的充电管理芯片等；
- 计算芯片：最为重要的一类芯片之一，负责执行各种计算任务，是数字设备中的核心组件。计算芯片的种类包括中央处理器（CPU）、图形处理器（GPU）、数字信号处理器（DSP）等。

还有一些专门针对特定场景的芯片，比如针对虚拟币挖矿、AI、汽车和物联网等。其中，AI芯片是专门为人工智能应用而设计的芯片，通常包含高效的计算单元及优化的数据流和存储结构，可以实现更高效的计算和更快速的推理。AI 芯片使得人工智能应用能够在较小的设备上实现，例如手机、智能家居、智能摄像头等，同时也提高了在云端进行大规模人工智能计算的效率。

算力成熟度

著名科技观察家凯文·凯利在他 2016 年的书籍《必然》中，提到了"算力原生"的概念，认为算力原生是数字化转型的必然趋势，将对社会、经济和文化产生深远的影响。这可能是最早的关于"算力原生"的论述。

2018 年，美国麻省理工学院（MIT）发布了一份与算力相关的报告，指出算力原生是数字世界的未来趋势，将会引领新一波的技术革命和经济变革。2020 年，MIT 在同类报告提出，未来算力原生将会呈现"边缘化、全球化、多样化、智能化、安全化"的趋势。

2018 到 2019 年，高盛集团连续发布了两份算力相关的报告，指出算力原生是一种新的商业模式，它不仅是技术的变革，更是一种经济形态的改变。在算力原生的时代，人们不再将算力看作是一种资产或工具，而是将其视为一种货币或资源，可以用来交换价值、获取服务或实现创新。

在 2020 年，Gartner 在一份报告中提到了算力原生的概念，并预测它将成为未来数十年中最具影响力的技术之一，推动云计算、人工智能、区块链等技术的发展。布鲁金斯学会的一份报告中指出，算力原生是数字经济的未来，将推动云计算、人工智能等技术的快速发展。IDC 公司的报告指出，算力原生是数据中心未来的发展方向，将成为云计算、大数据、人工智能等技术的基础。

算力原生的基础是各种框架、算法和硬件。10 多年前，深度学习的突破就是建立在需要强大并行算力支持的基础上的。现在，大模型更是需要数百万次乃至数千万次的计算才能完成训练。可以说，以深度学习和大模型为代表的 AI 是算力原生应用的典型代表。

电力能力决定着一个国家的工业化水平，算力能力也可以用来衡量一个国家的数字化水平。可以用四个指标作为参考，来判断算力行业的成熟度，来衡量是否已经迈入了算力原生的时代：

- 从国家层面来看，GDP 的增长开始用云量或算力消耗量来衡量。数字经济消耗的核心资源是算力，但目前观察社会经济运行情况的主要指标还是用电量等，并没有将"用算量"或"用云量"统计进去。
- 从行业层面来看，面向公众和互联网用户的公有云市场规模，远远超过了私有云市场规模，形成了稳定的"以公有云为主体，私有云为补充"的算力市场格局。公共算力在算力资源供给中的占比越大，说明算力的社会化供给程度越高，算力越发达和越普及。据统计，中国云计算市场中公有云与私有云的市场占比，2022 年刚超过 3:1，2019 年大约是 1:1。
- 从企业层面来看，企业架构发生重大变化，传统后勤保障部门与信息中心合并成了一个。传统后勤部门负责老基建的建设、运行和维护，信息中心负责新型基础设施的建设、运行和维护。因此，算力发展成熟和企业数字化转型成功的核心标志之一，就是电工和"算工"成了"同屋的你"。"算工"中的"工"，不再是工程师的"工"，而是工人的"工"。

- 从从业者的比例来看，从业人员的主体学历构成结构，从以大学生和研究生占比为主（目前刚超40%），发展到超过80%来自职业技术学校，成为吸纳数字原生代蓝领就业的重要市场，形成了更加合理的、层次化人才结构。

小　结

- 存力革命主要爆发在公元1500年前，然后200年爆发的是运力革命，最近50年的技术革命主要体现在算力方面。
- 数据中心位于新基建和老基建的交叉路口上，一半是传统基建，另一半是新基建。数据中心就是计算机，计算机的历史就是数据中心的未来。
- 从数据中心到算力中心的说法变化，体现了机房的角色正从主要用于保持数据转变为主要提供算力。
- 云计算就是个大号的操作系统，在数据中心的规模和范围内管理和调度各类软硬件资源。过去十多年，云计算的发展目标是"像水电一样提供计算服务"，现在的发展目标是"让行云如流水般丝滑"。
- 以算力中心、云原生和"东数西算"等概念为代表的算力网

- 络，致力于大规模、更低成本地提供算力服务。参照电力网络的发展水平，成熟度上整整差了 100 年。
- 传统"三网融合"指计算机、电话网和广电网的走向融合，未来"新三网融合"应该指通信网络、算力网络和电力网络的融合。
- 集成电路的说法类似于无马马车，强调的是电路转型的过程。芯片的说法相当于把无马马车改名叫汽车，强调的是电路转型的终点。
- 算力原生是一种新的商业模式，是数字经济的未来。

* * *

算力、算法和数据被视为推动这轮人工智能革命的三大要素。优秀的算法可以帮助 AI 系统提取数据中的有价值信息，发现模式和趋势，并做出准确的预测和决策。同时，高质量的数据为算法提供了训练和学习的基础，而强大的算力则为实现复杂的算法和处理大规模数据提供了支持。

经过十多年的发展，现在的 AI 已经从深度学习演进到了大模型阶段，它不仅是一种更"大"的深度学习，而且增加了第四个维度：知识，成了知识、数据、算力和算法四大件。

第 六 章
Chapter 6

人工智能：为数字世界赋智

计算机科学就像魔术。我们用奇怪的符号和词汇来创造出一些看起来不可能的事情。

——艾伦·凯（Alan Kay）

ChatGPT 是 1980 年以来最具革命性的科技进步。

——比尔·盖茨（Bill Gates）

一旦 AI 在人类灌输的目的中生成了自我动机，人类只会沦为硅基智慧演化的一个过渡阶段，这只是一个时间问题。好消息是我们已经知道了如何建造不朽的生物。当硬件损坏时，这些数字智能并不会死去。

——辛顿（Hinton）

人工智能已经发展 60 多年了，技术路线一直呈现百花齐放的态势，取得的突破也一直被认为是局限在特定领域的专用智能。AI 在多个方面超越人类水平的突破密集出现在 21 世纪的第一个 10 年里。比如，手写识别是在 2012 年，图像识别是在 2014 年，阅读理解是在 2016 年，自然语言理解是在 2019 年等。

2023 年，随着以 ChatGPT 为代表的 AI 应用的"狂飙"，一些人认为这已经是通用人工智能（AGI）开端了，并且 AI 技术路线也开始收敛于大模型了。

从伊莉莎到 ChatGPT

AI 的发展历史与聊天机器人有着密切联系。图灵测试是艾伦·图灵在 1950 年提出的，是评估一台机器是否具备智能的经典方法。测试的基本思想是一个人与一台机器进行文字交互，如果这个人无法确定对方是机器还是人类，那么该机器就通过了测试。这一测试激发了人们对于聊天机器人和智能对话系统的研究。

聊天机器人是一种人工智能程序，旨在通过与人类用户进行对话来模拟人类的自然语言。可以说，在过去的几十年中，聊天机器

人的发展一直在推动着人工智能技术的进步。同时，人工智能技术的不断发展，也为聊天机器人的发展提供了更为强大的技术支持。聊天机器人大致经历了计算机、互联网和 AI 三个时代。

计算机时代

计算机时代大约是指 20 世纪 60 年代至 80 年代。这时计算机的处理能力非常有限，因此，早期的聊天机器人都是基于简单的规则匹配和替换。其中最著名的是 1966 年出现的伊莉莎聊天机器人，她通过将用户输入的话语与预先设定的模式匹配，模拟心理学家在治疗过程中的对话来回答用户的问题。

作为 ChatGPT 的"老祖母"，伊丽莎技术上虽早已过时，但她留给后世的一个重要贡献就是"伊莉莎效应"。人类在与机器互动时会产生情感参与，会将机器的输出想象成具有人类的某种品质、能力、行为和外貌等，这种拟人化的倾向是在用户使用伊莉莎的过程中发现的，因此被称为"伊莉莎效应"。

今天，伊莉莎效应依然广泛存在。比如，社交、购物和媒体等应用普遍采用了拟人化的外形和语气等，会让对方感觉更具吸引力、更可信、更有说服力和能力，从而创造出更加自然的交流，让人类更强的存在感、更高的购物欲望和更欣赏对方。

互联网时代

互联网时代大约是在 20 世纪 90 年代至 2000 年。随着计算机性能的快速提高和互联网的普及，聊天机器人开始向网络上迁移，并且衍生出更多类型的聊天机器人，比如智能助手、在线客服和情感陪护等。其中最著名的是 1995 年出现的 ALICE，它是一个基于规则的聊天机器人，可以进行一定的对话交互，同时也可以连接到互联网上与用户进行交互。

AI 时代

可以把 AI 时代的聊天机器人进一步细分为三个发展阶段。

- 传统 AI 阶段。进入 21 世纪，随着 AI 技术的快速发展，聊天机器人的智能和交互能力得到了极大的提升。其中最著名的是 2011 年出现的 Siri，它是一个以语音为主的聊天机器人，利用语音识别和自然语言处理技术，可以根据用户的语音指令提供各种服务和信息。
- 深度学习阶段。到了 21 世纪 10 年代的后期，随着深度学习技术的发展和普及，聊天机器人开始采用基于深度学习技术的自然语言处理模型。比如，谷歌助手和微软小娜实现了更为智能和自然的对话交互。
- 自然语言生成阶段。大约从 2019 年开始，随着自然语言生成技术的发展，尤其是基于 GPT 技术的大规模预训练语言模型的出现，聊天机器人的发展进入了一个"能说会道"的新阶段。

ChatGPT 等 GPT 方式的新一代聊天机器人，它们的进步体现

在多个方面。一是 GPT 采用了自回归方式，能够根据上下文内容预测下一个单词，生成的文本比前代聊天机器人更连贯和自然，因此可以生成更加连贯和自然的语言。二是 GPT 在大规模语料库上进行了训练，可以理解更加复杂和抽象的语言表达，并能够生成更加灵活和丰富多样的回复。三是 GPT 训练数据的多样性和规模，能够学习到各种各样的语言表达方式，让交互内容更加个性化。最后，ChatGPT 除了会聊天，还可以应用于翻译、文本摘要、文章创作等多种任务，因此可以是多任务的。

AIGC：从判定式 AI 到生成式 AI

AIGC 是人工智能生成内容的总称，ChatGPT 只是其中的一个具体实现。ChatGPT 通过在训练过程中接触大量的人类生成文本数据，学习其中的模式和语义，并能够根据输入生成连贯、相关的文本回复。除了 ChatGPT，AIGC 还有许多其他不同类型的技术和模型，比如文本生成图像和文本生成音乐等应用及 Bert、Transformer-XL 和 GANs（Generative Adversarial Networks）技术路线等。

所谓生成式 AI，是指 AI 模型可以根据用户提供的关键词提示，生成新的输出内容（比如文本、图片和音频等），而不仅是从现有数据中做出推断。例如，一个生成式 AI 可以学习一堆文本，从中找到规律，并用它们来生成新的文章，这些新文章可以具有与原始文本类似的语气和风格，但可能包含全新的内容和观点。同样地，一个生成式 AI 也能先学习图像数据，从中找到特点，然后生成与原始图像完全不同的新图像。

与生成式 AI 相对地，是所谓的判别式 AI。判定式 AI 不会自己产生新的数据，而是依赖于预先定义的规则和算法，根据输入数据进行决策。比如，在人脸识别系统中，计算机会使用一系列预定义的算法和规则（包括人脸检测、特征提取、特征匹配等），来对输入的图像或视频数据进行分析和处理，以识别图像中的人脸，并进行比对和匹配等。AlphaGo 就是一种判定式 AI，因为 AlphaGo 是通过学习过去的游戏记录来制定策略的。（见表 6-1）

表 6-1　生成式 AI 与判定式 AI

特点	生成式 AI	判定式 AI
目标	生成新的数据和内容	预测和分类
方法	基于生成模型	基于判定模型
学习方式	无监督学习	监督学习
数据需求	无须标记的训练数据	需要标记的训练数据
应用领域	语言生成、图像生成、音乐生成等	图像分类、语音识别、自然语言处理等
准确性	结果可能缺乏准确性	提供相对较准确的结果
可解释性	结果可能缺乏可解释性	具有较强的可解释性
创造性	能生成创造性新内容	无法生成全新内容

21 世纪初开始的大数据浪潮，重大变革主要发生在数据层面，重点是将非结构化的数据转化成机器可读的，即对机器是有意的。而现在发生的 AIGC 革命，变革主要发生在内容层面，对人类具有特定目的和意义。前几年 AI 领域的重大突破之一是机器视觉，实现了图片和视频到文字的抽象和"压缩"。现在绘画类的 AIGC，则与机器视觉的主攻方向正好相反，是把一些关键词描述填充、丰富为

图片。

AIGC 是继 PGC 和 UGC 之后的新型内容创作方式。传统的内容生产模式是 PGC，由专业的编辑团队、记者、摄影师等从事内容创作，通过专业的内容生产流程制作高质量的文章、视频、音频等内容。随着 Web2.0 和社交媒体的兴起，用户开始参与到内容创作中来，产生了 UGC 模式的内容创作。现在，通过训练生成式 AI 模型，AIGC 可以实现自动化生成文章、图像、音频等内容，具有生产效率高、成本低、内容多样化等优势。现在最流行的 Web3 故事是基于区块链的价值互联网，而最新的说法是 Web3 指 AIGC 自动生成的、可读写的 Web。

人在 AIGC 时代的内容工作中，或许只是起到引导、监督和核查的作用。但利用 AIGC 创作出一副优秀的作品，不仅技术工具要更先进更智能，而且仍然需要足够专业的关键词做提示。因此，未来 AIGC 会根据使用者所希望生成的内容能够达到的专业程度，进一步划分为专业级的 AIGC（即 P-AIGC）和消费级的 AIGC（即 U-AIGC）等，或者是 PUC、UGC 和 AIGC 合体的产品。

AIGC 的出现也会让信息、内容和知识再次贬值。互联网和搜索引擎已经把很多专业知识降维成了一般性信息，极大地压缩了知识分子对知识的垄断权和话语权，知识分子作为一个群体开始集体"沦落"，AIGC 则会进一步放大这一现象和加速这一过程。

进入数字社会，全社会都在做数字化转型。到了数字原生时代，依然不可能也不需要让每个人都学会编程，因此低代码甚至零代码是必须的。现在的低代码、零代码平台主要依靠可视化和模块化等实现，而 AIGC 将使非程序员的创造者能够使用自然语言指令进行零错误的软件开发。低/零代码的 2.0 时代应该会是基于 AIGC 的，让业务与技术真正走向融合，让编程也进一步平民化。

网络爬虫目前占互联网流量的约 50%（也有人认为这个数据偏高了或偏低了），网上基本都是重复的垃圾或恶意流量。有预计到 2025 年，互联网上 AIGC 的内容占比将达到 10%。过去是网络爬虫大量重复搬运人类生产的内容，未来将会是复制的算法机器重复搬运机器生成的内容。

大模型：从百花齐放到一枝独秀

60 多年来，AI 的技术路线大致包括了符号主义、连接主义和进化计算三大流派，分别代表了用机器创造智能的不同思想和方法。

符号主义基于逻辑推理和符号处理，通过使用形式化的规则和知识表示建立智能系统。符合主义在早期 AI 的发展中起到了重要的作用，代表性方法包括专家系统、逻辑推理和知识图谱等。

进化计算是一种受到生物进化理论启发的计算方法，通过模拟自然选择和遗传机制，使用进化算法来优化问题的解。进化计算在问题优化、搜索和自动设计等领域得到了广泛应用。

连接主义受到生物神经网络的启发，通过构建多层神经网络来模拟人脑的学习和认知过程。连接主义的典型代表方法是深度学习和大模型，近年来，在计算机视觉和自然语言处理等领域取得了很大成功（超越了人类的水平）。

在 21 世纪前，三大技术流派百花齐放和百家争鸣，或者说都只是在特定应用领域表现突出，换个场景经常就哑火了。直到 21 世纪 10 年代，随着算力的提升和大数据技术的突飞猛进，模仿人脑的深度学习技术路线开始脱颖而出。

深度学习主要依靠数据、算力和算法三大件，大模型在增强深度学习的基础上增加了第四个维度：知识。大模型引入知识的方法是通过在大规模数据上进行预训练，获得丰富的先验知识和通用特征。（见图 6-1）

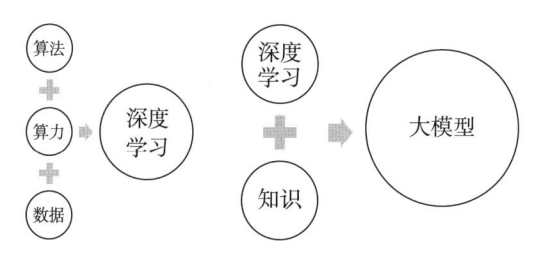

图 6-1 深度学习与大模型

大模型指拥有数十亿到数万亿甚至更多参数的深度神经网络模型，其在训练和推理时需要消耗大量的计算资源和时间。大模型通常具有更强大的表达能力和泛化能力，能够处理更复杂的任务和数据。典型的大模型如 Google 的 BERT、GPT、T5 以及 GPT-3 等模型，都是具有数十亿到数万亿参数的大型预训练语言模型。

大模型通常具有大量的参数。参数越多，模型的表达能力也就越强大，参数数量通常是以百万、亿甚至更多计量单位来衡量的。大模型往往具有多个隐藏层，每个隐藏层都可以逐渐提取出更高层次的抽象特征表示，能够对输入的数据进行更深入的理解和建模。

也因此，大模型在训练和推断过程中需要大量数据、计算资源、存储空间和高速网络的支持。

大模型由基础模型和微调两部分组成。基础模型即预先训练的模型（Pretrained Model），指在大规模数据上进行预训练得到的模型，通常具备了丰富的通用特征和先验知识。微调（Fine-tuning）指在预训练的基础模型上，在特定任务场景下通过少量标注数据对模型参数做进一步的训练，使模型更加适应特定任务的要求。大模型在预训练阶段学到的是通用特征和先验知识，在特定任务上进行个性化的微调。当然，如果预训练的模型本身已经具备很强的表现能力，微调也就不是必需的。

大模型目前普遍采用 Transformer 架构。2003 年，Google 的研究人员发表了三篇文章（*MapReduce: Simplified Data Processing on Large Clusters*、*The Google File System* 和 *Bigtable: A Distribute Storage System for Structred Data*），奠定了今日大数据的基本技术原理。2017 年，类似的现象再次出现（当然绝大多数人还是后知后觉的）在 AI 领域，Google 的研究人员发表了题目为 *Attention Is All You Need*（《你所需要的是注意力》）的文章，介绍了一种基于自注意力机制的神经网络模型 Transformer，表明了大模型在自然语言处理领域的巨大潜力，为后来的一系列模型（如 GPT、BERT、XLNet 等）提供了基础。

基于 Transformer 架构，业界目前已经形成了以 Google 的 BERT 和 OpenAI 的 GPT 为代表的两大技术家族。Bert 是双向预训练的，需要更多的数据和计算资源，更适合多种下游任务，可以进行微调，业界普遍认为 Bert 更擅长"完形填空"。而 GPT 是单向预训练的，

可以用较少的数据训练，更适合文本生成任务，具有连贯的生成能力，业界普遍认为 GPT 更擅长"写作文"。

大模型经常会具有涌现现象。涌现能力指模型在经过训练后，可以自主地表现出一些新颖和出人意料的行为或能力。这种行为或能力在训练时，并没有直接被模型学习或者训练出来，而是在模型内部结构和参数的复杂互动中"涌现"出来的。大模型的涌现能力，让 AIGC 变得更加不可解释了。

其中，语言类大模型是目前最受关注的。前些年，AI 的突破性应用更多体现在机器视觉方面，而视觉是大多数动物具备的能力。语言文字是人类文明和智慧的载体，是人类演化的特有能力，是人类智慧的代表性产物。现在，语言大模型所表现出来的能力，已经超越了人类社会的平均语言水平。

提示工程：问题比答案更重要

让 AI 大模型能够生成所希望的内容，就需要引导 AI 大模型来完全理解用户的意图。人与机器的交互，之前主要是多点触控和键盘鼠标等，现在则是自然语言了。这是一种最新的人机交互方式，这需要人在与机器对话时拥有全新的语言艺术。

提示（Prompt）工程就是指通过构建各种提示信息，来指导大语言模型（如 ChatGPT）生成特定的输出。提示信息通常包含了一些关键词或短语，以及用于指定所需输出类型和格式的结构化指令。通过使用提示信息，模型可以更好地理解生成内容的上下文和预期的输出，从而生成更准确和可靠的结果。

提示工程是一种全新的人机交互方式。人机交互方式的演变经历了多个阶段，从最早的纸带输入，到键盘鼠标输入，再到触摸屏输入。大模型使得人们可以通过自然语言提出问题或者需求，让计算机自动产生符合要求的输出结果，这种方式更加智能化和自然化。在计算机的发展史上，每当人机交互方式出现重大变革时，对人的技能要求、人机交互的界面以及机器本身的基础性技术都会发生一场革命。

对于提示工程的价值，不同的人有不同的理解。Meta 首席人工智能科学家杨立昆（Yann LeCun）认为，提示工程之所以重要，是因为语言大模型对真实世界的理解依然不足。OpenAI 的创始人山姆·奥特曼（Sam Altman）认为，提示工程是用自然语言编程的黑科技，绝对是一个高回报的技能。百度 CEO 李彦宏认为，10 年后全世界有 50% 的工作会是提示工程。

编程的演进

计算机编程指使用特定的编程语言来设计、开发和实现计算机程序的过程，多指代码级别的软件编程。但在软件编程之外，还有硬件编程以及 AI 时代的新编程方式。这里将编程的演进大致分为硬件编程、软件编程、模型训练和提示工程四个阶段。

第一个阶段是硬件编程，以摆弄开关和电路为代表。在计算机发展的早期阶段，程序员需要手动编写机器语言指令，比如操作纸带或打孔卡片来输入程序。主要特点是程序员直接对硬件进行编程。这个阶段的共性是需要掌握硬件底层知识，对硬件的操作能力较强，但差异也很大，因为硬件种类繁多，不同的硬件编程方式也有很大的不同。

第二个阶段是软件编程，以编写代码为代表。随着计算机硬件的不断升级，程序员可以使用更高级的语言和编译器来编写程序，这就是软件编程阶段。例如，使用 C、Java、Python 等高级编程语言来编写应用程序和系统软件。它的主要特点是程序员对操作系统和软件进行编程，而不是直接对硬件编程。这个阶段的共性是需要掌握编程语言，能够实现各种算法和逻辑，同时需要了解操作系统和软件开发的基本原理。

第三个阶段是模型训练，以调整参数为代表。随着机器学习和深度学习的兴起，大规模的数据集和计算能力的提升使得大模型训练主要通过特征模型参数来编程。在这个阶段，程序员需要设计和训练复杂的神经网络，例如，使用 TensorFlow 或 PyTorch 这样的框架来构建人工智能应用，如图像识别、语音识别、自然语言处理等。它的主要特点是使用大规模的数据和计算资源，通过机器学习算法训练出具有智能的模型。

第四个阶段是提示工程，以自然语言的提示工程为代表。通过大型语言模型，如 GPT 和 GPT-3，程序员可以给出一些关键词或者示例，让模型自动生成代码。这种方式不需要具体的编程语言知识，程序员就能够更加高效地实现想要的功能，例如使用 OpenAI 的 Codex 平台可以通过自然语言描述来生成代码。（见表 6-2）

表6-2 编程的演进

差异点	硬件编程	软件编程	模型训练
主要任务	设计电路，连接硬件	编写代码，实现功能	处理数据，构建模型
输入	电信号或物理量	数据或文件	数据集
输出	电信号或物理量	数据或文件	预测结果或模型
调试方式	示波器等物理工具	调试器和日志	实验和评估
错误类型	硬件故障	语法或逻辑错误	过拟合或欠拟合
灵活性	需修改硬件	可修改代码	可调整模型参数
难度	非常高	中等	高
代码量	少量	中等	大量

传统的程序编写需要程序员对编程语言和算法有深入的了解，并需要逐步调试和优化程序。提示工程的"提示员"只需要提供简短的提示文本，由大模型完成后续的推理和生成任务，用户不需要编写代码，也不需要深入了解算法。因此，使用提示工程编写程序时更加注重用户体验和交互设计，而不是程序代码的细节实现。

前面介绍过，软件编程的经典公式是"程序＝算法＋数据结构"，强调以算法为中心，但需要数据必须有结构。而到了大模型时代，作者认为AI编程的公式应该修订为：

$$模型 = 算法框架 + 数据$$

这个AI编程公式的基本逻辑是：数据比算法更重要。这个新公式一是弱化了算法的具体实现，强调了在AI编程中需要的只是算法的框架，而不需要包括了细节的代码实现。代码级的实现可以通过训练完成的，普通程序员的作用被弱化了；二是强化了数据的价值，需要海量的高质量数据对模型做训练，数据是模型的一部分而不仅是数据结构。（见图6-2）

算法框架 + 数据 = 大模型

算法 + 数据结构 = 程序

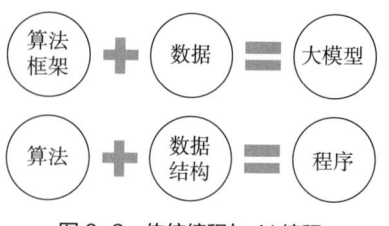

图 6-2 传统编程与 AI 编程

AI 原生，AI 优先

之前的各种 AI 技术和应用，虽然在很多任务上完成得相当成功（比如棋类、人脸识别等），但都是针对特定问题和特定场景的解决方案，缺乏通用性。

随着基于大模型的 ChatGPT 应用在自然语言处理方面表现出来的惊人智能，一些人认为这已经是开启了通用 AI（AGI）的新阶段。但也有一些人认为，大模型的突破仍然只是一种狭义的 AI，只能在固定的任务范围内运作，还不能像人类一样在各种情境下运用智能。

之所以会出现大模型是否开启了通用 AI 的争论，关键就在于对"什么是智能""什么叫通用"，一千个人有一千个理解。

但无论如何，AI 基础模型至少在语言领域已经表现出很强的通用性，并且正在像云计算那样成长为新型基础设施。云计算是算力的基础设施，大模型是智力的基础设施，二者在诸多方面表现出很大的相似性。

首先，AI 基础模型为开发者提供了即用即得的智能服务，开发者可以直接使用这些模型而无须从头开始训练和构建自己的模型。其次，AI 基础模型可根据实际需求自动调整计算资源的规模，用户可以根据需要快速部署和扩展智能服务。再次，AI基础模型可以通过共享和复用，为更多的开发者和组织提供基本的智能。最后，基础模型也能够经过持续的更新和优化适应不断变化的需求和技术发展。

早些年，业界提出了"移动优先"和"移动原生"及"云优先"和"云原生"的概念，是围绕着移动互联网和云计算服务发展而来的，强调了应用程序和系统架构的移动性、高可用性、弹性和可扩展性等，以适应移动互联网和云计算基础设施的特点。

现在，随着人工智能的快速发展，针对AI技术的特点也出现了类似的口号：AI原生和AI优先。AI原生和AI优先强调人工智能应用程序和系统架构的智能化和自适应性，以适应人工智能技术的特点。

AI原生或AI优先的企业不仅是在其产品和服务中使用AI技术，而且是将AI技术嵌入其业务模型和核心战略中，以实现业务的持续发展和竞争优势，典型特点包括：

首先，AI原生应用是基于大规模数据和深度学习模型训练的；其次，这类应用能够自我学习和优化，不断提高准确率和性能；再次，AI原生应用具有高度智能化，可以完成人类无法完成或难以完成的任务，如语音识别、图像识别、自然语言处理等；从次，AI原生应用通常需要高性能的计算资源和大量存储空间，因此，往往部署在云端或专用服务器上；最后，AI原生应用在许多领域都有广泛的应用，如智能家居、自动驾驶、医疗健康、金融等。

PC互联网强调有能力让连接"在线"，移动互联网则强调连接可以随时随地"在线"，云计算则强调算力服务永远"在线"。但AI

大模型说的是智力，目标是"模型即服务（MaaS）"，因此也可以称为"智力在线"。未来，一个人的智力是否在线，不仅取决于自身的智力水平，还会越来越取决于他/她运用 AI 的能力了。

争论：革了谁的命

对 ChatGPT 的革命性，人类已经产生了明显的分歧。

第一种观点，这不是一场技术革命。比如，Meta 首席 AI 科学家杨立昆表示，ChatGPT 并不像公众认为的那样，是一件革命性的产品。在过去的很长一段时间，已经有许多公司和研究机构已构建了数据驱动的人工智能系统，其所使用的 Transformer 也可以追溯到几十年前。

第二种观点，对于这场技术革命，应该欢呼。持这类观点的人比较多，比如，比尔盖茨认为，ChatGPT 的重要性不亚于手机和互联网的诞生，这是其一生中唯二的革命性技术进步。英伟达 CEO 黄仁勋公开表示，ChatGPT 是人机交互和编程的一场革命，我们正处于 AI 的 iPhone 时刻。

第三类观点，对于这场技术革命，应该担忧。比如，"AI 教父"杰弗里·辛顿（Geoffrey Hinton）警告称，AI 对人类构成的威胁可能比气候变化"更为紧迫"。一旦 AI 在人类灌输的目的中生成了自我动机，人类只会沦为硅基智慧演化的一个过渡阶段，这只是一个时间问题。马斯克则直言"人工智能比核武器更危险。"他这样说，一是担忧人工智能的进化可能脱离人类的控制；二是呼吁加强对人工智能的监管。

2023 年 3 月的一份公开信提出四大疑问：

- 我们是否应该让机器用宣传和谎言淹没我们的信息渠道？
- 我们是否应该让所有的工作自动化，包括那些令人满意的工作？
- 我们是否应该发展最终可能在数量上超过我们、在智能上超越我们、能够淘汰并取代我们的非人类思维？
- 我们应该冒失去对我们文明控制的风险吗？

很明显，没有人——甚至人工智能的创造者可以理解、预测或可靠地控制它。围绕就业、错误信息、知识产权、隐私、安全、偏见和歧视等，需要设立相应的国际机构，进行广泛的国际合作和设立全球性的安全标准，防止监管导致的领域分裂。

小　结

- ChatGPT 的"老祖母"是伊丽莎。伊丽莎的重要遗产是发现了与机器聊天时，人类会出现拟人化的"伊莉莎效应"。
- 判别式 AI 关注输入和输出之间的关系，不关心在这个过程中发生了什么；生成式 AI 关注输入和输出之间的具体变换过程，目的是生成符合规律的输出。
- 低 / 零代码的 2.0 时代，应该会是基于 AIGC 的。

- 大模型在传统深度学习的数据、算力和算法三大件上，增加了"知识"作为第四大件。
- 之前深度学习的一个重要研究方向是可解释性，但大模型的涌现能力让 AIGC 变得更加不可解释了。
- 提示工程是一种全新的人机交互方式和编程模式，让问题比答案变得更重要了，让程序员成了提示员。
- 编程大致经历了硬件编程、软件编程、模型训练和提示工程四个阶段。经典的编程公式是"程序＝算法＋数据结构"，而 AI 的编程公式是"模型＝算法框架＋数据"，突出数据比算法更重要。
- 互联网的目标是"连接在线"，大模型的目标是"智力在线"。
- 云计算是算力的基础设施，大模型是智力的基础设施。现在主张的是 AI 优先和 AI 原生。

* * *

AIGC 开始改变对 Web3 的定义。Web1 是专业机构生成内容（PGC），Web2 是用户生成内容（UGC），这两个概念早已稳定。顺着这条路线，Web3 应该指什么呢？

随着生成式 AI 的火热，业界开始有声音将 AIGC 称为 Web3.0：AI 生成内容（AIGC）。但在此之前，Web3 却指的是基于区块链的价值互联网。

第七章

Chapter 7

Web3：链上原生

Web3 将为我们带来更加开放、去中心化的互联网，重新平衡权力和数据控制。

——加文·伍德（Gavin Wood）

下一代互联网将通过区块链和加密技术实现价值的去中心化交换，重新定义数字经济和金融体系。

——马克·安德森（Marc Andreessen）

我不认为 Web3 是真实的，它更像一些市场营销用的废话。

——埃隆·马斯克（Elon Musk）

数据可以用来表示货币、数字商品和知识等价值，可以用来表示各种社会交流和公开内容等信息，甚至还可能被用来承载安全攻击、谣言和诈骗等负价值和负资产。

数据资产化的前提假设是数据中已经蕴藏价值，核心问题是如何将价值从数据中释放出来，这里的重点是资产化时的确权、保护和流通等议题。与数据资产的前提假设正好相反，以区块链为代表的加密资产是先发明一种数字化的价值表达工具，是一种能够为价值提供高效地确权、保护和流通价值的互联网，问题的重点是如何创造出数字原生的价值或与现实中的资产有机绑定。

有了区块链，互联网的重要发展方向之一是从信息互联网走向价值互联网。

互联网抗核打击吗

互联网是计算机和通信融合的产物，是硬件、软件和现代通信的集大成者。就像电力网络统一能源技术的市场，让各种能源都可以转换成电能来传递，互联网统一了计算机、电信和广播电视技术的市场，让数据、话音和视频能够在一张统一的网络上传递。

讨论互联网的图书早已汗牛充栋，这里选择介绍的几点，可能与读者在教科书中读到的内容并非一致。

互联网之父

大多数的教科书将互联网的起源归于1969年的阿帕网，但阿帕网只是互联网的前身，与今日互联网的技术原理存在着根本性的不同。

因此有时，"阿帕网之父"劳伦斯·G.罗伯茨（Lawrence G. Roberts）会被当作"互联网之父"。另外一些时候，现在互联网基础性技术TCP/IP技术的发明人，温顿·瑟夫（Vint Cerf）和罗伯特·埃利奥特·卡恩（Robert Elliot Kahn）会被当作"互联网之父"。还有些时候，WWW的发明人蒂姆·伯纳斯－李（Tim Berners-Lee）也会被当作互联网之父。

等后来互联网发展到了其他国家，本地化的各国"互联网养父"就更多了。

互联网与核打击

教科书上另外一个流行的说法，是互联网源于抗核攻击的需要。查尔斯·赫茨菲尔德（Charles Herzfeld）在1965—1967期间当任美国国防高级研究计划局（DAPAR）主任，是他亲自决定授权创建阿帕网。他后来公开表示："阿帕网并非像很多人说的那样，最初的目的是建立一个可以在核攻击时生存的指挥控制系统。虽然建立这样的系统明显是军方一个很重要的需求，但不是我们的目标。事实上，我们曾经因为这样去努力而受到军方的严厉批评。相反，阿帕网的诞生是因为困扰我们的一个问题，那就是美国当时只有非常有限数量的能力强大的大型计算机用于科研，而很多分布在美国各地研究人员，没法访问这些计算机资源。"

国际互联网协会（www.isoc.org）的官网上，也有着类似的描述："正是从兰德公司的研究开始，虚假谣言开始声称阿帕网与建立一个抵抗核战争的网络有某种关系。阿帕网从未如此，只有与兰德公司无关的安全语音研究才考虑了核战争。然而，后来关于互联网的工作确实强调了健壮性和生存能力，包括承受大部分底层网络损失的能力。"事实上，根据当时的技术条件，根本不用核打击，因为阿帕网三天两头会断网。

但到了 2010 年前后，关于互联网是为了抗核攻击的说法，又出现了反转性的说法。当年的一些军方高层人士站出来坚持说，那时阿帕网立项的目的就是抗核攻击，只是你们这些工程师的职级不够高，不能掌握这样的绝密信息而已。

网络的"三十年战争"

互联网是为了实现计算机之间的数据通信，是通信和计算机融合的产物。从当时的情况看，可以从电话出发把互联网理解为电信增值业务，也可以从计算机出发把互联网理解为计算机的一个功能性扩展。

电信业从供给侧出发，把话音通信延展到计算机通信，发展出了 X.25/ATM 等技术，教科书称之为"数据通信"。而计算机业则从需求侧出发，把计算机延展到可以联网，发展出了 TCP/IP 和以太网

等技术，并且教科书称之为"计算机网络"。

这两种技术路线的核心区别是，前者的控制权在电信运营商的网络，后者的控制权在计算机的终端，是一场电信和计算机之间的权益之争。这场"网络之战"僵持了30年之久，直到20世纪90年代中期才以Web的繁荣为标志，计算机业的技术路线取得了压倒性胜利。

作为计算机界"富二代"的互联网巨头和智能手机厂家，享受到网络大战胜利后的巨大红利。而对全球电信业而言，只能吞下失败的苦果，逐步"沦落"成比特管道。三十年网络战争的遗迹甚至在今天也可以看到，比如，以邮电为背景的大学课程经常叫"数据通信"，以计算机为背景的大学课程经常叫"计算机网络"。

商业化进程

从用于教育科研到互联网的商业化，互联网要做不少的"转型"。教育科研的互联网只是证明了建立全球性网络在技术上的可行性，但互联网的商用化需要的更多，比如，安全保障、服务质量保证、商业模式、基础设施建设和监管政策等。

1994年，美国开始允许互联网商用，并逐步推向世界。1995年，发生了两件推动互联网商用的重要事件：一是网景公司推出了用户友好的Web浏览器，公司1995年首次公开募股，Web开始商业化；二是电信巨头AT&T开始提供互联网接入服务，互联网服务提供商（ISP）的兴起让网络运营商也有了商业机会。

自2007年起，智能手机采用多点触屏技术，消除了键盘鼠标的使用门槛，应用商店进一步丰富了手机应用，再加上无线移动革命带来的网络能力，使得移动互联网发展的大潮来临。

20多年前互联网行业还很小，行业的主要矛盾存在于运营商的基础网络与刚兴起的互联网公司之间，前者集中，后者新兴。今天，从营收看，TOP10互联网公司占了行业收入的70%（2021年），TOP5巨头占国际流量的40%（2017年数据）。甚至连一直分布式开放服务的email，也已经高度集中在全球少数几家服务商手里了。

过去30年是一个把教育科研的互联网逐步商用化的过程，是互联网的"商业化转型"阶段，商用所必需的安全、性能和支付等一些零部件，是以打补丁的方式陆续外挂上去的。这些安全、信任和支付等补丁的"根"还在线下，需要线下的权威背书，现在的数字经济是线上线下相结合的"混合经济"模式。

今日的科技巨头在20多年前也曾经高举去中心化的大旗，那时的中心是电信巨头、电视台和报业巨头等。曾经高喊去中心的互联网公司现在成了新的中心。现在，行业的主要矛盾也转变成了互联网公司的超级平台与驻扎在其上的各种应用、小程序和自媒体之间的矛盾。

互联网的新岔道

"下一代互联网"的说法最早出现在20世纪90年代初，那时互联网甚至还没有商用。从那时起每隔几年，就会出现一个叫"下一代互联网"的"新宝宝"，每次的名字还都不一样。

最早的下一代互联网指IPv6，是相对于IPv4的；2000年之后，出现了"下一代网络（NGN）"的说法，它主要是相对于传统电信网的；2007年后的移动互联网是相对于PC互联网的；2015年前的产业互联网是相对消费互联网而言的；万物互联的物联网是相对PC和移动互联网的；基于区块链的价值互联网是相对信息互联网的。也有将Internet（互联网）与Web（万维网，互联网上的一种应用）混为一谈，把Web也叫"互联网"，把Web2.0叫"下一代互联网"的。

> 现在，"the Internet（互联网）"专指基于TCP/IP技术的"network of networks（网际互联）"。但在网络发展早期，有多种与TCP/IP竞争的网际互联技术路线，因此，"互联网"对应的是"internets"，其中基于TCP/IP的"互联网"会被翻译为"因特网"。万维网(WWW，World Wide Web)是运行在互联网上的一种流行应用，WWW over the Internet，但现在经常也被用于泛指整个互联网。在没有特别说明时，the Web, WWW和the Internet可以混用。WWW也被戏称为史上最差的缩写，本来是World-Wide-Web三个音节，结果缩写成了double-u double-u double-u九个音节。

越界成功

这么多年，这么多技术，都想"臣服于"互联网，是因为互联网屡屡"越界成功"。"越界成功"一词是由IETF RFC5218定义的，指互联网技术被用于远超初始设计场景，或以远超最初设想规模的部署，或同时发生超越场景和规模的情况。多次的越界成功让互联网技术已经走到了野外，虽仍然负重前行，但早已颤颤巍巍。

互联网最早的设计应用的场景是教育科研，连接的终端是计算机，通信的模式是点到点，服务质量是尽力而为（best effort），自负安全责任，最大用户数不超过 40 亿等。

而现在，从接入方式看，互联网已经从通过电话线拨号上网，发展到了宽带网络。从用户终端看，已经从 PC 发展到了智能手机、家用电器、可穿戴设备和智能汽车等。从用户类型看，正在从消费互联网延展到工业、能源等各类产业互联网。从内容形态看，已经从早期主要是文字和图片，发展到了能够支持高清等所有视听内容。从流量类型看，已经从早期的点到点的模式发展到以点到多点模式为主了。

越界 200 倍！

最典型的越界成功案例莫过于边界网关协议（BGP），负责网际之间的路由学习和转发数据包，是互联网最核心、最基本的职责。BGP 技术的基本设计思想诞生于 20 世纪 50 年代中期，设计于 20 世纪 80 年代后期，针对的场景是不同网络服务商之间的路由交换，设计可连接的子网数量不超过 500 个，可路由的 IP 地址前缀不超过 1 万个。

而现在 BGP 协议连接的子网数量超过了 10 万个，是设计目标的 200 倍。所连接 IP 地址前缀的数量超过了 100 万个，是设计目标的 100 倍。因此，即使目前协议面临路由劫持、不稳定、膨胀和泄露等重大隐患，但业界不仅一直只是在做修补，并且还扩展 BGP 用

于流量工程、虚拟专用网和云计算等新场景，以至于在 IETF 官网上搜索"BGP"，所显示的结果会是"too many documents"。

商用化

1994 年，互联网开始商用，对互联网能否成功"商用化转型"的质疑一直就有。比如，1995 年"蒙特卡夫定律"的创造者、"以太网之父"罗伯特·梅特卡夫（Robert Metcalfe）博士接受采访时表示："互联网迟早会过载成为壮观的超新星，并且在 1996 年出现灾难性崩溃。"否则，他就把刊登他预言的报纸给吃了。在 1997 年第六届国际万维网大会上发表主旨演讲时，他拿出了刊登有互联网将崩溃的专栏印刷副本，放在装有一些液体的搅拌机中吃掉了。他之前曾试图耍赖去吃掉印着他预言的一个大蛋糕，但观众不接受这种"吃他话"的形式。

万维网创始人蒂姆·伯纳斯－李亲眼见证了自己的发明正被操控和滥用，从虚假新闻到侵犯隐私和网络犯罪，感觉"我整个人都垮掉了"，认为 Web 需要大修。

早期对互联网的大修主要集中在两个方面。一个是 IPv6，把地址空间从 32 比特增加到 128 比特，这是由政府和互联网基础设施运营商一起推动的；另外一个是 HTTPS 和其他加密手段，把在网络层面缺失的安全机制在应用层找补回来，由谷歌和苹果等互联网巨头推动。

近 40 年来，互联网通过各种持续修补后没有崩溃。互联网技术虽已越界冒险进入"野外"，但至少到目前还能够运行。这也使得 30

多年来希望成为下一代互联网技术的尝试层出不穷。

历史上，同一时期竞争下一代互联网"太子"位置的技术，往往不止一种。比如，与 IPv6 同时代有 ATM（异步传输模式）技术和 NGN，与移动互联网同时代的有物联网和可穿戴，与产业互联网同时代的有价值互联网和 3D 互联网等，这次也是个"双胞胎"。

一路是继续信息互联网之路，比如，从 2D 到 3D 的虚实融合，以产业互联网为代表，以 VR/AR/XR 为代表，沉浸式应用和前端驱动，以集成性的元宇宙为代表。

另一路是从传统的信息互联网转个弯，从信息优先的互联网到价值优先的互联网，以区块链、智能合约、同质化数字代币（FT）和非同质化数字代币（NFT）等为代表，价值基础设施和后端驱动，以集成性的 Web3 为代表。

当然，这两条道路并非互斥，因为元宇宙的重点在于前端和体验，Web3 的重点在后端和效率。元宇宙的 3D 互联网可以是基于 Web3 的基础设施，而 Web3 的价值也是可以包括 3D 形态的。

Web3 是什么

Web3（也称 Web3.0）是 Web 的下一个版本，结合了去中心化、区块链和加密经济学等概念。"Web3"一词是由以太坊联合创始人加文·伍德（Gavin Wood）于 2014 年创造的，终极目标是"更少信任，更多事实"。

Web1（也称 Web 或 WWW）大致指从 1991 年到 2004 年期间，

更加去中心化和开放，大部分网站由静态页面组成，绝大多数用户是内容的消费者，而不是生产者。

Web2（也称Web2.0）指以大型科技公司的平台为中心活动的，重要标志是用户不再被动消费，而是积极参与内容的创建，上传内容到论坛、社交媒体和网络服务、博客以及其他服务上。Web通常被认为是从2004年左右开始并一直持续到今天的。

Web 2.0的造词是如此之成功，以至于后来学界和商界的许多人，将2.0直接附加到现有概念和研究领域，比如，图书馆2.0、企业2.0、出版2.0、医学2.0、电信2.0和政府2.0等，并且将Web 2.0技术作为各自学科和领域新版本的来源。本书中涉及的开源2.0、云计算2.0、经济学2.0、软件2.0、黄金2.0、信息2.0等概念，也是在Web2.0思路启发下的造词，而Web3.0就是蹭Web2.0的热点。

Web是先有了明确的技术概念和技术实现，后才有的应用和市场。Web2是对Web持续创新和发展多年后，对既有技术实现和运行市场的概括。目前对Web3还只是一个模糊的概念描述，大致以去中心化和区块链为核心特征，延展包括了DID、DAO和NFT等组成模块。

需要注意的是，早在2006年Web之父蒂姆·伯纳斯－李就将语义网描述为Web3的一个组成部分，这与现在流行的区块链上下文环境的Web3含义根本不同。另外，AIGC流行后，也有一些人将AIGC理解为Web3。

如果说Web1和Web2是以信息为核心对象的信息互联网，其核心特征是信息与算法的交互，利用算法进行信息分发，从而实现信息流转趋向于零边际成本。那 Web3 就是以资产为核心对象的价值互联网，其核心特征是资产与算法的交互，利用算法来实现资产分发，从而实现资产流转趋向于零边际成本。

Web3 与区块链密切相关。区块链谈的是底层的基础设施，Web3 谈的是基础设施上的应用。区块链与 Web3 的关系，就像互联网（Internet）与万维网（WWW）的关系，就像 5G/ 光纤通信网络与互联网的关系，就像电信网络与电力网络的关系。

Web3 与 Web1 和 Web2 存在一定的传承关系，但不是对 Web1 和 Web2 的替代。只读的 Web1 和可读写的 Web2 都是面向信息互联网的，而 Web3 是面向数字资产的价值互联网。Web3 是 Web1 从信息联网到价值联网的转向，价值互联网将运行在信息互联网之上，信息互联网是价值互联网的基础设施。

Web3 的目标是要系统性地建立一个商用互联网，从一开始就把数字商业所必需的信任、信用和货币等内嵌进去，用技术创造信任、信用和货币等，建立一套平行于现在经济系统的"数字原生经济体"。当然，数字原生经济体也需要与现实世界经济互联互通，开展数字与现实两个世界间的"世界贸易"。

20 世纪 90 年代，互联网是跑在电话网上的，只要有电话线并安装了浏览器，就可以接入互联网和 Web 了。到了 21 世纪 20 年代，电话和互联网的基础设施出现了上下逆转，微信等原生的语音应用已经跑在互联网上了。Web3 是跑在信息互联网上的，只要安装数字钱包或已经嵌入在浏览器了，用户就可以接入以太坊等基础设施，接入 Web3 了。

图 7-1 展示了 Web3 与互联网、ISO 模型的关系。需要说明的有，一是公有区块链运行在公众互联网上，联盟链经常运行在专用的 IP 网络上；二是国际标准组织（ISO）的七层网络模型是经典理论，互联网的 TCP/IP 四层模型是 ISO 的具体实现，但区块链和 Web3 的 L0/L1/L2 分层模型尚未形成权威共识。

ISO	TCP/IP		Web3	
应用层	应用层	Web/HTTP、SMTP	L2	应用层：代币/NFT
表示层				合约层：脚本/智能合约
会话层				激励层：发行/分配
传输层	传输层	TCP、UDP	L1	共识层：PoW/PoS/BTF
网络层	网络层	IPv4、IPv6		网络层：P2P/验证
链路层	链路层	以太网		数据层：区块/时间戳
物理层	物理层		L0	BC over Internet/IP

图 7-1　Web3 与互联网、ISO 模型的关系

从比特币到 Web3，加密学、区块链、智能合约、NFT、工作量证明（PoW）和权益证明（PoS），正在催生一个复杂而且开放的平行金融和交易生态。价值互联网和加密资产在纯数字领域已经可以很好地运转了，比如游戏行业（VR）、数字艺术品和体育赛事。

考虑到区块链的性能和成本，互联网上的绝大多数信息不会上链。就连 Web3 的重要组成部分 NFT 也只是数字资产的"指纹"上链，而不是资产本身上链。同时，Web3 如果真想成为一个互联网的价值层，或者一个去中心化的身份凭证系统，还需要与物理世界结合，它需要开发与现实世界的法律系统、金融系统之间的强大接口，让数字原生与传统世界彼此靠拢。

数据要素的双向奔赴

从图书、音乐、图片、视频到数字原生的软件，再深入数据库内部的数据记录，数字资产的范围不断扩大，深度不断增加，形式也变得更抽象、更复杂。

商品是可以用来进行交换的财产，商品化发展到更高级阶段就会产生货币。货币是从商品中分离出来的，固定充当一般等价物的特殊商品，用来表现一切商品的价值。从数字资源到数字资产，继续前进就会发展到数字化的货币了。

光谱的两端

现实的反方向就是重大创新的制高点。数字经济的概念可以从"数字"和"经济"两个端点分别出发，从技术和货币光谱的两个极端分别出发，相向而行。

从价值角度看数据的光谱，光谱的一个极端是有害信息，光谱的另一个极端是数字货币，位于它们中间的是原始数据、数据资源、数据资产和数据商品等。

传统的数据资产化是从价值需求侧出发，从已有的数据资源出发，探寻既能保护资产价值和个人隐私，又可以释放数据价值的最佳技术工具和路径。在这一方式中，容易出现保护过度的流动性缺失，或保护不足的流动性失控。

基于区块链的加密资产，是从技术供给侧出发，从打造数字原生的价值工具和基础设施出发，在数据能够受到技术保护和创造稀

缺性的情况下，寻找能够关联或创造价值的方法和途径。在这一方式中，从出生就是纯虚拟的物质，容易出现把价值工具当成或伪装成价值或金融资产本身，导致"割韭菜"等金融诈骗行为。

传统社会是先有商品后有货币，而Web3是先创造数字代币再关联价值和商品。传统社会是先创造出产品的使用价值，然后才具有交换价值，而Web3是先创造产品的交换价值，再探索使用价值，Web3这种颠倒了使用价值与交换价值次序的做法，如果没有配套"颠倒次序"的监管政策，要么容易异化为传销和诈骗，要么容易成一潭死水。（见图7-2）

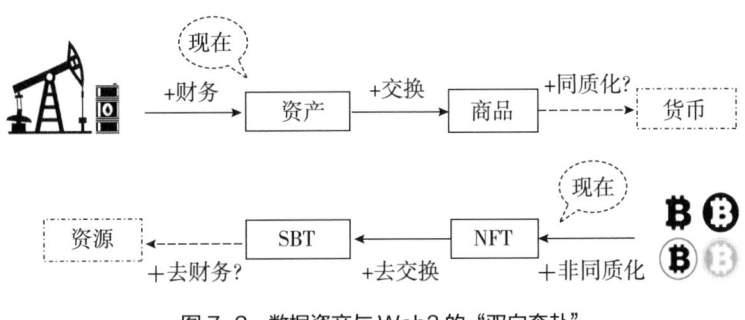

图7-2 数据资产与Web3的"双向奔赴"

传统的数据资产化和加密资产，目标都是实现价值互联网。只不过，目前能够看到的数据资产化的下一步重点目标是可交易的数字商品，加密资产的下一步是不可交易的数字资产。

加密资产

在加密资产的"数字伊甸园"里，先创造出同质化代币的金融工具，明确数字交换中的一般等价物，再继续延展出非同质化代币的商品工具，用于对数字商品的确权、定价和交易等，待数字商品能够交易了，才开始探索和创造该商品的使用价值。

2009年诞生的比特币，是人类第一次尝试用技术创造货币制度。比特币的早期参与者和购买者主要为了娱乐和游戏，而现在则已经"沦落"成了数字黄金或者"黄金2.0"。

创建于2015年的以太坊，一开始只支持类似于比特币的以太币（遵循ERC-20协议），二者都是同质化（FT）的一般等价物，后来很快发展出了NFT（遵循ERC-721或ERC-1155，非同质化代币）。每个NFT有自己的类别、创建时间、特殊信息等，让每一个NFT都是独一无二、不可分拆的（现在有的NFT也可以拆分了），使得NFT成了数字世界的资产凭证，让数字商品的交易成为可能（虽然该数字商品的价格可能为零）。

以太坊（Ethereum）的名字是联合创始人维塔利克·布特林（Vitalik Buterin，我国国内称他为"V神"）在浏览了维基百科上的科幻小说元素列表后选择的。"以太坊"的名字与诞生于20世纪70年代的"以太网（Ethernet）"的名字有些类似，后者与TCP/IP和Web一起构成了互联网的基础性关键技术。

2022年，"V神"提出了SBT（Soulbound Token，灵魂绑定代币）的概念，开始探索从数字商品延展到数字资产世界的可行性了。Soulbound这一词最初来自魔兽世界，在游戏中被Soulbound（灵魂绑定）的物品是无法用来出售、邮寄或转赠他人的，只能由玩家自己使用。"V神"作为魔兽资深玩家，从游戏中获得了SBT的灵感。

简单来说，SBT是一种可编程的、不可转让但可撤销与找回的，同时附带可验证信息的通证，类似一份不断扩展的个人简历（包含教育证书、就业经历、出席证明等），通过与其社会关系相关联的钱包进行验证，SBT 可以帮助用户在 Web3 世界中构筑一个与现实社会映射的完整身份，解决长期以来阻碍 Web3 世界发展的用户身份系统的问题。

一项拟议中的美国法律《数字商品消费者保护法》（DCCPA），旨在规范加密代币和 NFT 等相关数字资产交易，将其纳入美国商品期货交易委员会之下监管。

价值互联网

互联网设计服务于计算机间的数据通信，而数据一直被当作信息的容器。算法可以从数据中提炼出价值，但数据本身并不代表价值，所以才会有本书前面提到的数据管理和数据资产管理的区别。近年来，随着线上线下相结合、互联网与实体经济的深度融合、传统行业的数字化转型、数字金融和金融科技等的发展，数据表现出越来越多的价值了。

无论是信息还是价值，在互联网上的最终表达方式都是数据。在数据表示信息的互联网时代，信奉的是开放、对等、共享等理念，信息的原地转移靠复制，远程转移靠通信。而在数据代表资产的价值互联网时代，数据资产信奉的是确权、占有和控制等理念，价值的转移只能是流动的。

虽然价值互联网将运行在信息互联网之上，但信息和资产的基本理念和基本逻辑是完全不同的，这也将导致技术手段和工具泾渭分明。价值互联网与信息互联网、算力网络和云计算的关系，类似于现实中物流网络与通信网络、交通网络与支付网络的关系。物流网络构建在强大的通信基础设施、发达的交通基础设施和无处不在的支付网络之上，重点是高效协同管理信息流、物流、资金流，以及制造商、快递小哥和货车司机等。

数字财富的密码

稀缺性原则是一种经济学理论，指由于有限的市场供应和无限的消费需求之间存在的矛盾关系。生产劳动的目的绝大部分是解决稀缺性，剩下的是创造稀缺性。

农业时代的农产品产能过剩，带来了私有制和交易等。工业时代的工业品产能过剩，带来了城市化、金融和贸易等。工业化大生产以解决稀缺性为目的，但只有稀缺性才能提供超额利润。在这种"工业化悖论"下，创造稀缺性的常见方法包括广告宣传、限时供应、限量供应、清盘甩卖、库存处理和提前预售等市场策略。

数字产品具有零边际成本的特点，所谓的规模化生产其实就是一条复制命令，"仓储"也几乎是零成本的。数字产品的重复建设和产能过剩现象要比工业产品高出至少一个数量级，以至于对冗余数据做"重复删除"成了一项专门的技术，可以将备用数据缩减为原来的 1/10 到 1/50。

数字世界已经进入了"后稀缺"状态。"后稀缺"是一种理论上的经济状况，指大多数数字商品可以用最少的人力生产，因此，它们可以非常便宜甚至免费地提供给所有人。当然，后稀缺并不意味

着所有商品和服务的稀缺性都已消除，一些商品仍将是稀缺的。美国兰德公司预测，数十年后，2%的人口将能生产社会所需的一切。

大数据让原始数据发展成了数据资源，隐私计算希望将数据资源进一步发展成为可流通的数据资产。但要让数据资产持续进化，让资产进一步商品化甚至货币化，就必须有技术和机制创造出稀缺性来，尤其是为流动中的数字商品和数字资产。现在有两条路径。

一是从现实中"孪生"出稀缺性。借助现实世界中权威机构的信任背书，将财富、货币、身份和信任关系等数字化后，形成稀缺性"副本"，引入数字经济的活动中来。比如，移动支付中账户余额的"稀缺性"，靠的是传统银行的背书。实名注册的各种网络账号的"稀缺性"，背靠的是传统的身份证、驾驶证和护照等。

二是用加密技术创造稀缺性。比特币和以太币等的成功，用技术实践证明了，在数字世界中不依靠传统权威的背书，原生出货币所必需的绝对稀缺性是可行的。从同质化代币进一步衍生出的NFT，正在探索创造数字商品稀缺性的可行性。比特币和以太币等的稀缺性是由算法限制创造的，这也是人们认为它们具有价值的原因之一。而无论是同质化代币还是NFT，本质上都是用于存储价值的加密数据。

密码学（Cryptograhy）一词来自希腊语，原意是"隐秘地书写"，是研究编制密码和破译密码的工程。现代密码学的核心概念不仅是数据机密性，还包括数据完整性、身份验证和不可否认性等，主要应用场景包括电商、电子支付和军事通信等。

在区块链等的密码学应用中，公钥基础设施可以生成一对密钥，分别是公钥和私钥。私钥只有所有者知道，而公钥则广泛传播，配对后可以实现两个功能：一是身份验证，其中公钥验证配对私钥的持有者是否发送了消息；二是消息加密，只有配对的私钥持有者才能解密使用公钥加密的消息。具体到区块链，公钥标识对应账户的控制者，而私钥可以对此账户的消息进行签名和解密。

在"数据即资产"的场景下，应用加密技术将数据"私有化"，只有掌握着"财富密码"的主体才能够拥有或控制，创造了数字世界的稀缺性，基本满足了会计准则中的"为企业拥有或者控制"的基础性要求。但资产定义中还有"由企业过去的交易或事项形成的"和"预期会给企业带来经济利益的资源"另外两个要求，说明还需要进一步建立加密数据转移的可信时间链，以追溯加密数的来源和继续开展新交易。

著名的密码学者罗纳德·李维斯特（Ronald Rivest）曾经解释，"密码学是与如何在敌人存在的环境中通信有关"，防止对手的窃听、伪造、欺骗和破坏行为等。因此，密码学是建立在已经能够搞清楚谁是密码应用的对手，谁是队友基础上的。

在"数据即资产"的场景下，不仅要防范对手的各种恶意行为，还要防范交易方的各种不诚实交易行为，及时发现"猪队友"（网络用语，表示坑自己队友的队友），尤其是隐藏在"队友"中的"对手"。典型的不诚实交易行为，如篡改（类似于"造假币"）和双花（类似于"一房两卖"）等。这是传统密码学应用目的的一次巨变，从防范外部敌人转变成了防范和及时制止"内鬼"的欺诈性交易。

加密经济将区块链/Web3技术等，作为数字原生经济的基础设

施，用密码学创造出稀缺性，从最根本的"数字产权"开始，从数字代币出发，向着数字商品和数字资产"下行"，将对信任的锚点从单个组织转移到分布式的结点和可验证的代码上。这是加密经济区别于新经济、网络经济、信息经济、虚拟经济和注意力经济等的根本，后面这些都还需要中心化权威机构的背书，还需要从现实中"孪生"出稀缺性。

被遗忘的企业间市场

现在的数字技术，在信息交换方面已经很出色了，但在数字价值的交换方面却逊色不少，尤其是在企业间做数字价值交换时。就像互联网面向更多的是企业间的信息交换，价值互联网面向更多的是企业间的价值交换市场。

市场就是价值交换，主体是企业。企业与雇员之间是一种价值交换，企业与企业之间也是价值交换。企业在做各种价值交换之前，先要做信息交换。

如果做了信息交换，但没有产生价值交换，就是"买卖不成仁义在"。

企业间数字化

在一个企业内部，因为存在基本的信任关系，有管理和制度的约束和保障，有移动互联网、社交网络、数据库和安全等技术的支持，因此，在完成数字信息交换后，一般都能流畅地衔接到数字价值交换。

在企业与企业之间做交换时，因为信任、合规、权利、利益、惯例和技术兼容性等因素，在完成数字信息的交换后，能够顺畅衔接数字价值交换的比例并不高，往往会回到以传统的离线方式为主来进行。

一个典型的企业间交换场景，是利用互联网、社交网络和电话等做好充分的信息交换后，再回到线下做价值交换，比如要打印出来，人工审核，签字盖章和找第三方权威组织背书等。而等这些信息到达对方企业后，在逆向操作一遍，把通过第三方背书的材料，手工录入、电子扫描和人工审核等，还原成数字方式的输入加以处理。

典型场景

现在数字化转型面临的局面之一是在信息交换方面，企业信息化相对彻底；而在价值交换方面，企业经常是以传统方式为主的，数字化只是辅助。

对应地，按照是在企业内还是在企业间，是信息交换还是价值交换的维度，我们可以把数字技术大致分为四类。（见表7-1）

表 7-1 企业间技术

项目	信息交换	价值交换
企业内	企业网、Wi-Fi、数据库、操作系统、ERP、私有云	
企业间	互联网、SNS、5G、公有云 虚拟专网、虚拟专用云	开源、区块链、联邦学习、隐私计算、数字交易所

比如开源社区，没有了商业软件商背书，相关方在开源社区开放代码和共同维护，共同维护和交换代码的价值。当然代码也是数据，一种机器可阅读、可执行的数据。

比如区块链，没有了第三方信任中介背书，相关方在联盟链上开放价值数据，共同维护和交换价值数据。

比如联邦学习和隐私计算等安全多方计算技术，没有了第三方数据交易所背书时，相关方通过特殊加密在保护隐私和保护价值的同时，相互监督和共同维护交换价值数据。

企业间的数字信息交换，可以直接依靠现有的公用通信技术，典型的如email、互联网、SNS和5G等。当然，也可以是强化版的通信，比如专线、VPN和加密通信等。

企业间的数字价值交换，可以把模式进一步细分为仍然依托独立第三方的传统模式（但已经实现了数字换转型的第三方），以及去除了中间商的依靠共同维护的数字技术模式。

商业价值

可以这样描述企业间技术市场，指交易企业不需要独立第三方机构的参与，而是相信基于某技术或技术组合，通过对价值数据的多方维护，就能够保证数字价值交换的安全、可信赖和自动化执行。

简单地讲，可以把那些不通过第三方，而是多家机构在（准）公共平台上共同维护和相互监督数据或资源的技术，统称为企业间技术，它们具有一些典型特征：

- 无须再回到线下。端到端全数字化，企业间价值交换无须又回到线下，无人驾驶，自动化执行，填平"数字化洼地"，大幅提高企业间交易的效率和准确性。
- 可能会依托在某个（准）公共服务平台。比如公有云、公网、公链和开放社区等，但平台并不直接参与价值数据的维护和交易，不提供信任担保，只是提供数字化的工具、资源和场所。
- 多方维护价值数据。真正的价值数据交换，需要相关企业在公共服务平台上，多方参与、共同维护和相互监督，而不是去找一个独立第三方做单方维护。

数字钱包：网络新入口

2000 年前后，爆发过一轮 PC 互联网的入口大战。门户网站、搜索引擎、电子邮箱、电子商务、视频业务和社交网络，你方唱罢我登场，甚至安全服务、下载服务、游戏、输入法、导航网站和微博等都曾称霸一时或一地。

2010 年前后的移动互联网时代，智能手机、手机 ROM、手机操作系统、应用商店、地图服务、短视频、浏览器、移动支付和移动社交纷纷登场竞争入口的位置，甚至位置服务、智能应用助手、智能路由器、可穿戴设备、智能电视、智能汽车和银行卡等，也曾梦想过奋斗过。

即使到了 2015 年前后，有人总结，出门记住四个字"伸手要钱"，身份证、手机、钥匙和钱包四件套。而现在，智能手机和各种App已经融合进了身份证明、智能钥匙和数字钱包，出门时几乎只剩下要带手机一件物品了。

Web3是价值互联网，很明显入口必然是各种形式的数字钱包。传统的实体钱包是用来装现金、银行卡、信用卡等物品的便携小包。数字钱包是一种能使用户在互联网上支付货款的软件或电子设备。但数字钱包的功能早已不限于放钱和支付了，还用于保存门禁卡、身份证明、驾驶执照等，作为验证持有人的凭据。

加密钱包是一种数字钱包，存储了比特币等加密代币和NFT的私钥。除了存储密钥的基本功能外，加密钱包通常还提供辅助性的加密和签名功能。

根据私钥是否在自己的钱包里，可以把数字钱包分为中心化钱包和去中心化钱包。如果私钥上传到服务提供商的服务器里就叫中心化钱包，如果私钥只是在自己手里掌握并没有上传就叫去中心化数字钱包。数字资产存储在中心化平台交易更方便，自己管理私钥理论上更加安全。

根据私钥存储过程中是否连接互联网，可以分为连接到互联网的热钱包和没有连接到互联网的冷钱包。热钱包常用于快速付款，而冷钱包通常用于存储钱款。冷钱包更安全，多用于储备资产，热钱包更方便，多用于交易和支付，大多数数字钱包持有者同时持有热钱包和冷钱包。常见的冷钱包括把私钥抄写在纸上的纸钱包，把私钥牢记在自己脑子里的脑钱包（一般要通过助记词），把私钥单独存储在硬件设备中的硬件钱包等。

根据托管与非托管形式，可以把数字钱包分为全节点钱包和轻节点钱包。全节点钱包是指同步了区块链上所有数据的钱包，虽然占据存储空间比较大，但可以实现完全去中心化。中心化钱包是指所有的数据均从自己的中心化服务器获得，数据依赖钱包服务商自己的账本，它的交易效率很高，基本可以实现实时到账，例如在交易平台的钱包多是中心化的。

加密钱包的核心功能是存储自己的私钥，因此地更准确的叫法应该是"数字钥匙包"，而数字钱包只是数字钥匙包在价值方面的一种衍生品，数字身份只是钥匙包在身份证明方面的一种衍生品。

NFT：创新与泡沫

数字资产具有零边际成本的特点，即创作或研发第一份需要大量资源投入，但从第二份开始，也就是副本，生产的成本几乎为零。换成技术性语言就是在说，数字资产从 0 到 1 的原始创新的成本很高，但从 1 到 10 000 的后续生产就只是个复制粘贴的工作。

数字资产的这一特点，映射到后续的版权保护中，对应就需要分为两个阶段和存在两个保护重点：一是获取对成果"1"的权威出生证明，二是对每个副本本身的内容保护。

建立版权保护登记制度的目的，就是为了证明这个最早的"1"是谁的。在我国实行作品自愿登记制度，但并不会改变《中华人民共和国著作权法》规定的版权自动保护原则。作品不论是否登记，作者或者其他版权人依法取得的版权不受影响。在司法实践中，如果

发生版权权属纠纷，版权登记证书是证明力较强的证据。

最常见的是通过版权保护中心做登记，但区块链为数字资产的版权登记提供了一个新模式、新选择。NFT 在区块链上，可以给任何数字作品赋予一个唯一可识别的数字代码，能够用于证明对应数字资产的真实性和所有权，因为这个代码是无法复制、替代或进一步细分的。

任何人都可以创建自己的 NFT 做版权登记，并且几乎不需要多少编码技能，几分钟即完成版权登记工作。NFT 把所有权记录在区块链中，可以由所有者转让，允许 NFT 出售和交易。需要注意的是，NFT 登记的是对照片、视频和音频等文件的引用，而不是文件本身，这也是 NFT 引发诸多质疑的技术根源。

在数字世界中，存在着一种数字平台将个人权力"私有化"或与平台绑定的现象，用户的所有权由托管它们的公司决定，用户没有自己资产的转移权和销售权等。在这种场景下，传统版权保护机制往往力不从心，但恰好可以成为 NFT 发力的地方。

例如，游戏公司完全掌握着玩家手中的游戏道具，可以自行决定删除、没收或稀疏掉，玩家更不能将他在该游戏中"拥有"的道具，带到另一个游戏中去。类似的绑定例子还有用户积分、优惠券、信用分、等级分等。

NFT 不同于 DRM，也不属于 DRM。DRM 聚焦的是"从 1 到 10 000"的内容访问控制，而 NFT 不限制对相关数字文件的共享或复制，也不阻止创建引用相同文件的 NFT，更不会从后台删除对应内容。NFT 针对的是帮助找到初创者，确认那个开天辟地的"1"属于谁。

对 NFT 的铸造者，需要强调的是如果想创建一幅作品的 NFT，得首先拥有这幅作品。如果无法拥有全部的所有权，也至少要获得复制权和发行权的许可。得到了复制权许可，意味着铸造者才能把该作品复制到网上；得到了发行权许可，意味着铸造者才能把该作品公开售卖。

对 NFT 的购买者，需要强调的是区块链定义的 NFT 所有权，在法律意义存在疑问，并不一定就获得了相关数字文件的版权、知识产权或其他合法权利。

NFT 的内容是可公开访问的，因此任何人都可以轻松复制 NFT 所引用的数字文件，其他人可以使用右键单击菜单，下载、复制和保存 NFT 所引用的图片（常被贬低为"右键心态"）。

考虑到区块链的容量和处理速度，NFT 保存的是数字资产的指引，而不是数字资产本身，这种链下存储方式可能会带来链接腐烂的问题，即随着时间推移所引用的目标文件，出现了"404 现象（not found）"。

NFT 购买者的权力是由 NFT 项目颁发的许可证中包含的条款和条件确定的，这与开源软件的各种权力由开源许可证规定非常类似。一些 NFT 发行方在网站、营销材料或社群材料中，提供了与其相关许可中规定的条款相矛盾的误导性陈述；也有一些项目已经明确披露了 NFT 持有者的具体权力。

一些领先的 NFT 铸造平台已经开始模仿软件开源许可证的做法，制定标准化的 NFT 许可证类型，向购买者授予不同的权限。比如，从最宽松的授予全部商业权利，到其他有一定约束力的如授予有限商业权利、仅供个人使用和创作共用等不同类型。

NFT 用算法实现了一种新型的数字版权登记模式，但数字版权的确权登记只是数字版权保护的组成部分，而不是全部。NFT 仍然处于发展早期，周边生态和制度建设尚需时日。确权登记的算法化是数字资产业的大进步，但如果被误当作它能够解决数字资产权力保护的问题，就很容易出现 NFT 泡沫和旁氏骗局。NFT 是一种价值表达方式，而不是价值本身。NFT 只是方便了资产的确权登记和交易，所对应的资产价值仍然是由资产本身决定了的。

2022 年 5 月，中国人民银行反洗钱监测分析中心表示，NFT "很容易成为洗钱工具"。美国财政部 2022 年 2 月的一项研究评估指出，"有证据表明高价值艺术市场存在洗钱风险"。彭博社 2022 年 11 月的一篇报道称，NFT 的交易量比 2022 年 1 月下降了 97%。在 2022 美国科技关键（TechCrunch）博客网站会议上，比尔·盖茨认为 NFT 的狂热"100% 基于博傻理论"。2022 年 6 月，FutureMoney 的统计数据显示，以太坊"空间租用费"和 NFT 交易平台是最赚钱的商业模式。

DID：身份的解放

在现实世界中，全球有 11 亿人没有身份证明（其中 45% 是地球上最贫穷的 20% 人口），27 亿人没有银行账户。在网络世界中，也是需要数字身份，作为通信时的地址、交流时的称谓或产品的名字等。数字身份就是个人、组织或设备在网络空间中的数字影子。

互联网的 TCP/IP 协议，当初设计时只为计算机等设备提供了通信类标识，遗漏了为操作计算机的人和组织设计一套身份系统。后世只好不断为用户的网络身份打补丁，只好借用 IP 地址、MAC 地址、域名、email 地址、电话号码甚至产品编号等，作为人和组织的通信地址和身份证明。

身份借用必然会导致身份盗用，就像区块链的防篡改也成了无法纠错的"防修改"。缺乏内置于互联网的网络级可靠身份标识是身份欺诈、网络犯罪和隐私威胁的根源，也是数字身份管理系统的核心关切。据一份研究报告，97% 的违规行为是针对个人信息的。

没有数字身份的自我可控，没有数字身份的自由迁徙能力，不仅会带来身份欺诈和个人隐私信息保护的问题，更谈不上个人数字资产了。

个人拥有数字资产的前提是个人数字身份的独立和"解放"。随着用户对隐私和个人数据资产关注的提升，数字身份的发展大致经历了四个阶段，基本沿着"我的身份我做主"的控制权逻辑在演进。

第一阶段是中心化的身份管理体系，解决了有和无的问题。它身份中心负责发放、维护和控制身份数据等，决定在哪些场景和时候可用，在哪些场景和时候不可用。比如，IANA（1988）负责确定 IP 地址的有效性，ICANN（1998）仲裁域名的有效性，1995 年开始证书颁发机构（CA）开始帮助互联网商业网站证明他们是谁。

在中心化的身份管理体系中，每个数字身份本来就属于某个组织或平台，用户无法控制与自己身份相关的信息，也无法决定谁有权访问个人身份信息，以及来访者能拥有多少访问权限。用户数字身份，可能会随着中心组织的失败而消失或失效，也可能会因为身份机构管理不善而大规模泄露。

另外，身份的生成权、解释权和存储权都归身份服务机构所有，而身份的使用权由中心化机构和用户共享。用户要以每个应用为单位，面对无数身份中心创建完全独立的数字身份，用户需要管理多身份和多密钥。根据企鹅智酷的调查，对所有账号采用同一套密码的用户占了14.9%。根据Balbix的报告，超过99%的用户使用相同的密码来访问多个账户。

第二阶段是建立联盟身份管理体系，它解决了便利性问题。联盟身份包括一个或多个共享用户访问权限的系统，建立"信任圈"，允许用户在联盟中的一个系统完成身份认证后，可以登录联盟中的其他系统。微软的Passport（1999）和Sun公司的自由联盟（2001）都是最早期的有效实践、现在统治市场的联盟身份，在国内则是腾讯微信、支付宝和微博等的身份系统。

联盟身份打破了中心化的身份系统，在一定程度上解决了用户身份"分裂"和便利性问题，缓解了中心化身份系统的问题。从技术看，互联网巨头所提供的联盟身份服务，都工作在互联网的应用层而不是网络层，都是封闭的而不是开源的。从市场来看，联盟身份管理已经形成了寡头垄断，依然是一个身份中心，并且用户只能在一个"联盟"内自由访问，不同联盟身份体系之间不能互认。

第三阶段是建立以用户为中心的身份体系，它试图赋予用户对自己数字身份的控制权。该体系计划让用户能够控制自己的数字身份，尤其关注用户授权和互操作性两个要素。通过授权和许可，用户可以决定从一个服务到另一个服务时共享一个身份。比如OpenID技术，用户理论上可以注册他自己的OpenID，自主使用。在OpenID发布后的2008年，Facebook Connect通过提供更友好的用户界面而大获成功，但更加偏离了以用户为中心的理念，更加寡头化了。相对前面两个阶段，这次的实际应用不多，算不上成功。

第四阶段是建立分布式身份体系（DID）。DID希望基于分布式系统，身份成为自我控制的、私有的和可移植的，让个人或组织真正拥有对自身数字身份的所有权、控制权和管理权。

保护去中心化身份的一个技术关键是密码学，每个DID都由只有所有者才知道的私钥保护，只有私钥所有者才能证明他们拥有或控制了该身份。一个人可以有多个DID，例如，一个DID与游戏平台相关联，另一个完全独立的DID与自己的信用报告平台相关联。

W3C已经为DID建立了一套标准规范，以太坊社区等也正在探索NFT和以太坊名称服务（ENS）等。ENS是一个基于以太坊区块链的分布式、开放且可扩展的分布式名字系统。ENS的工作是将人类可读的名称（如"vitalik.eth"）映射到机器可读的标识符，如以太坊地址和元数据，诸多Web3用户一直在使用ENS名称作为他们的分布式身份标识。

DID与ENS目标相似，都是可以由用户创建并完全控制的分布式身份系统。DID是ENS的抽象表达，ENS是基于以太坊的一种DID实现方式，其他类型的区块链和平台完全可能会采用与ENS不同的DID实现逻辑和实现细节。

DAO：可编程组织

分布式自治组织（DAO）是一种继公司制度和社区模式等组织形态后，产生的一种新的组织模式。DAO 在数字经济中的作用，类似于传统经济中的工厂和机器等，是大规模生产数字商品的基地。

区块链真实地记录了交易历史，智能合约算法化约定了交易未来。DAO 是将企业的管理和运营规则以智能合约的形式编码在区块链上，从而在没有集中控制或第三方干预的情况下，能够自主运行的组织形式。DAO 由社区成员拥有，旨在成为能够让成员控制自己的个人身份和个人数据的开放平台。

DAO 一词，2013 年首次出现在以太坊联合创始人 Vitalik Buterin 的一篇文章中。"V 神"认为"公司只不过是人和合约的交互"，只要智能合约得到图灵完备平台的支持，DAO 就可以在没有人类管理交互的情况下自主运行。

由他联合创立的以太坊就是一种支持智能合约和图灵完备的平台。DAO 将自己的金融交易记录和运行规则，安全地保存在区块链上，并通过可信时间戳和分布式数据库来防止伪造和篡改。

创建一个 DAO 需要具备两个基本要素：一是明确任务目标，陌生人之间先就拟创立组织的使命、愿景和价值观等，达成共识，并且以白皮书的方式加以描述；二是确定如何操作，就 DAO 具体如何运行、如何激励和如何治理等 DAO 的游戏规则，以智能合约的方式"刻写"在区块链上。

DAO 的法律地位目前还不清楚。但原则上，如果法律和监管机构允许，区块链数据可以取代传统契约和所有权等公共文件。DAO治理是使用授予投票权的代币或 NFT 进行协调的。

诞生于大航海时代的有限责任公司，是人类历史上的一项伟大的发明。DAO 是一种诞生于数字时代的，人类协作方式的新进化。DAO 之于数字原生经济，就像股份公司之于传统经济一样，是一种组织人们分割所有权、参与联合企业、汇集资本、生产产品或服务以及做出集体决策的新方式。

数字资产的类别

数字资产就是以数字形式存在的、具有经济价值的资产。数字资产的典型特征是可以通过互联网进行传输、交换和管理，可以在全球范围内进行交易，具有高度的流动性和易分割性。根据数字资产的来源和属性，可以把数字资产分为以下五类。

- 数字原生的资产。这是最早的数字资产形式，包括应用程序、游戏、操作系统、域名、游戏道具和数字头像等。这些原生资产是直接在数字环境中创建的，没有物理实体。
- 模拟方式资产的数字化。随着数字技术的不断发展，模拟资产逐渐转化为数字形式。例如，数字音乐可以通过在线音乐服务进行传播和销售，数字影视则可以通过在线视频服务观看，数字图片可以在互联网上进行共享和传播。
- 数据的资产化。能够将数据转化为有价值的资产，以支持商业和经济活动。

- 加密资产。加密货币和加密资产利用区块链技术进行加密和验证，实现分布式账本管理，具有不可篡改、去中心化等特点。
- AI 生成的内容。通过 AI 算法生成的各种内容，比如，代码、音乐、图片、视频和文章等。

小　结

- "互联网起源于抗核攻击"的说法流传甚广，但在 21 世纪出现了反转，到 21 世纪 10 年代又再次反转了。
- 从 20 世纪 90 年代初开始，每隔几年就会出现一个叫"下一代互联网"的新宝宝，每次的名字还都不一样。
- 早期对互联网的大修主要在两个方面，一个是 IPv6 增加地址空间，另外一个是 HTTPS 增加安全机制。
- 基于区块链的 Web3 是以资产为核心的价值互联网，是资产与算法的交互，利用算法来实现资产分发。
- 从比特币到 Web3，加密学、区块链、智能合约、NFT、工作量证明（PoW）和权益证明（PoS），正在催生出一个复杂而且开放的平行金融和交易生态。
- 数据要素有两条完全相反的路径都在发展。一是数据资产，数据已经有价值了，试图创造财务和金融工具，以盘活资产价值。二是加密资产，是先有了金融工具，再看如何为其注入价值。
- 传统密码学的应用场景是防范外部敌人。数据要素下的密码学应用，转变成了防范和制止"内鬼"的欺诈性交易，交易方可能是个"猪队友"的问题。
- Web3 作为数字原生经济的基础设施，用密码学创造出稀缺性，从最根本的数字产权和数字代币出发，将对信任的锚点从单个组织转移到了分布式的结点和可验证的代码上。
- Web3 的入口是各种形式的数字钱包。
- NFT 用算法实现了一种新型的数字版权登记模式，是一种承载价值的容器而不是价值本身。
- 个人拥有数字资产的前提是个人数字身份的独立和"解放"。
- DAO 在数字经济中的作用类似于传统经济中的工厂和机器等，是大规模生产数字商品的基地。
- 区块链真实地记录了交易历史，智能合约算法化约定了交易的未来。
- 从来源看，数字资产至少有四类：数字原生的资产（如软件）、模拟资产的数字化、数据资产化、加密资产和 AIGC 的内容资产。

* * *

Web 之父蒂姆·伯纳斯-李在 2022 年 Web 峰会上表示，区块链并不是构建下一代互联网的可行解决方案。"它们太慢，太贵，太公开。个人数据存储必须是快速、廉价和私密的。"

于是，就有了关于 Web3 的第三个解释：元宇宙。

第八章
Chapter 8

元宇宙：数字原生的集大成者

元宇宙中唯有两件事是无限的，宇宙的大小和人的蠢笨。但对于前一个，我还不能肯定。

——阿尔伯特·爱因斯坦（Albert Einstein）

元宇宙是一个无边界的虚拟世界，融合了现实和虚拟的元素，为人们提供了无限的可能性和连接。

——蒂姆·伯纳斯-李（Tim Berners-Lee）

在数字世界，我希望有一个"撤回发送"按钮，让我能够把尴尬的消息从所有人的手机上删除。

——互联网

古今中外，人类一直就有创世情结，幻想着在世俗世界之外一定还有另外一个世界，是我们的来处、去处或是控制着我们的神祇。古埃及人从出生开始就为来世做准备，而通往来世的密码就是对国王的效忠。佛教、基督教和伊斯兰教等都给出了通往来世的人生算法。民间传说里，阎王管的地府里有个花名册，提供人灵魂身份的目录服务。

随着科技的进步和工业革命的爆发，越来越多的人不再相信现世之外的"第二人生"，而是转向了相信自己，相信人类能够解决人类的问题，这就是人文主义的信仰。对应地，对另外一个世界的幻想也开始发生转变：一是不再把希望寄托在虚无缥缈的来世和去世，而是对现世的预测和把握，首先要过好当下；二是用科技的力量重构未来世界，一个没有了神灵、只有世俗的人和技术的世界。

从"乌托邦""1984"到联合国的"千年报告"等，从企业的各种"愿景"到个人的心愿等，从"数字地球""数字孪生"到人工智能等，莫不如此。

科幻与科技

元宇宙是个好名字，容易引发联想、记忆和传播；但也不是个

好名字，叙事虽很宏大，但技术门槛很低，以至于就像人工智能那样，每个人都可以自由发挥，科幻文学的色彩浓厚而技术工程的思维薄弱，一些宏大构想在 10 年内技术上都无法实现，易致幻灭感。因此，元宇宙的概念和内涵还在不断发展和变化中，换句话说就是业界还在一边讲故事，一边编故事，一边实现故事。

科技创新根植于文化。比如，个人计算机和互联网所秉承和倡导的开放、共享、对等和分布式等思想，就源于当年美国 20 世纪五六十年代的叛逆精神和嬉皮士文化，如今的 Web3 和元宇宙也在传唱着同样的故事和信仰。

狭义与广义

所有概念都可以有狭义和广义之分，元宇宙也不可能免俗。狭义元宇宙，就是基于 VR 技术聚焦社交联系的 3D 版虚拟世界。广义元宇宙，就是包括下一代数字世界的所有，all in（都含在）元宇宙。

推崇狭义概念的多为工程技术人员，是为了争取在短期内落地实现，看到实实在在的进步；而喜欢广义概念的身份庞杂，大多缺乏技术和工程背景，对大概念实现的难度、所需资源和所需时间等缺乏基本认知，但擅长用文学语言讲那遥远而吸引人的故事。

与狭义元宇宙密切相关的，典型说法是源于科幻小说《雪崩》，典型思路是从 2D 互联网到 3D 互联网，入口从计算机和智能手机，发展到 VR、AR 和 MR 等（现在被统称为 XR），典型应用是社交、游戏和内容等的"3D 化转型"，当下的典型障碍是网络眩晕、隐私保护、用户成瘾和用户安全等。

广义的元宇宙，基本的套路就是，不管你是谁，在哪里，干什么，只要在前面直接加上"元宇宙"三个字，就能"立地成宇，立时成宙"了。比如，元宇宙营销、元宇宙商圈、元宇宙医学、元宇宙咖啡店、元宇宙茶园等，一切皆属元宇宙。另外，几乎所有热门点的数字技术，也都是只是元宇宙的组成部分，也都属于元宇宙的范畴，比如脑机接口、AIGC、数字人、算力网络、6G、NFT 和 Web3 等。

熟悉的味道，熟悉的套路，熟悉的那波人，走过路过绝不会错过。

科幻与科技

几年前，当深度学习开始大热时，我以为人造智能的 AI 技术，把故事已经讲到可以用机器创造智能了，那 AI 就是人类的最后一个发明了。既然 AI 已经成功了，那剩下的一切发明就都交给 AI 好了，人类只要享受生活就可以了，但紧接着更高维的元宇宙还是来了。

虚拟现实与人工智能具有一些相似的地方。虚拟现实是用机器模拟物理世界，一直想"骗过"你的眼睛。AI 是用机器创造智能，一直想"骗过"你的大脑。虚拟现实与人工智能的计算机实践都源于 20 世纪 50 年代，都已经 60 多岁了，依然改不了爱吹牛的老毛病，都经历了几起几落，但至今还健在。

元宇宙还不是 AI 的发明，是人类讲故事的产物。毕竟，60 多岁的 AI 虽然早已学会了打牌、下棋，自主生成内容和做科学研究（AI4S，AI for Science）等，但 AI 还是不会幻想，不会编故事。而

今天一些公司所标榜的元宇宙，还具有科幻和科技的"二相性"，还像是"薛定谔的元宇宙"：问，就是肯定有元宇宙；查证，就是它已经改变状态了。

关于科幻与科技的联系与区别，没有权威的界定。我以为，在10年内技术上有可能实现的，能把元宇宙的一部分从PPT和故事变成机器代码和实际体验的，属于设想，属于科技，属于数字产业；而在10年后，从技术发展规律看是大概率都无法实现的，属于幻想，属于科幻，其中杰出的属于科幻文学。（见图8-1）

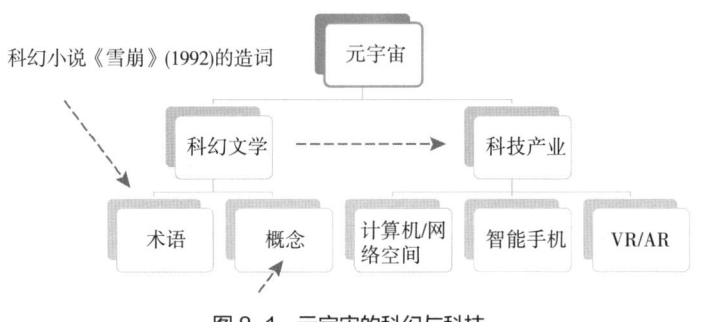

```
科幻小说《雪崩》(1992)的造词      元宇宙
                              ┌────┴────┐
                           科幻文学 ----→ 科技产业
                          ┌──┴──┐    ┌───┼───┐
                         术语  概念  计算机/  智能手机  VR/AR
                                    网络空间
```

图8-1　元宇宙的科幻与科技

技术没有起跑线，都会有可无限追溯的先祖，但某个技术的命名有可能存在明确的起源。是"元宇宙"这个词，而不是元宇宙这一概念源于科幻小说《雪崩》，是《雪崩》杜撰了"元宇宙"一词，而不是创造了元宇宙的基本概念，与技术更无直接关系。人类一直就有创世情结。历史上，不同时代、不同民族、不同传说和不同宗教等，都在尝试创立通往来世的"算法"和"虚拟世界"。而现在的元宇宙还只是个传说，疑似数字原生代的"创世项目"，一个面向现世的数字版创世项目：过去，你的灵魂会活在来世；现在，你的化身会活在数字世界。

今日元宇宙的一些关键特点,早就是多人在线游戏不可或缺的基本功能了。号称元宇宙概念第一股的 Roblex,诞生于 2006 年。而 2003 年出现的"第二人生"(Second Life)将社交媒体的许多方面融入一个持久的 3D 世界中,用户也已有了代替自己的化身,因此"第二人生"经常被描述为第一个元宇宙应用。另外,包含了诸多元宇宙成分的游戏还有 Active Worlds、The Palace、魔兽世界、我的世界、堡垒之夜和 VRChat 等。

事后诸葛亮

人总喜欢在事情发生后讨个说法,至于解释是否靠谱其实并不重要。自 2021 年兴起的这波元宇宙热潮,分析下来可能大致有以下几个原因。

一是电子游戏的进步和普及,让人们拥有了数字世界身临其境的社交体验。数字移民和数字原生代都开始理解了,20 年前"第二人生"过于超前的数字世界和数字化身的理念。当然更重要的是,当年这波热衷于"第二人生"的数字原生代玩家现在已经长大了,开始成为产品经理,开始掌握话语权了,不再"游戏人生",而是深陷人生的游戏了,他们希望借助元宇宙的浪潮,开启自己职业生涯的"第二人生"了。

二是一些科幻电影大片的视听体验。1999 年的《黑客帝国》让人们浅窥了元宇宙的初貌,2018 年的《头号玩家》和 2021 年的《失控玩家》让观众开始接受将现实世界数字化和游戏化的可能性了。

三是技术的进步，尤其是 VR 技术的进步大幅提升了用户体验，而区块链和 Web3 的火热也证明了创建数字新经济的可行性。

四是当下的社会心理需求。每当全球经济不景气时，或对未来趋于悲观时，人们就会更多地转向运动和娱乐等虚拟世界，以求精神慰藉。新冠疫情的暴发限制了人类在物理世界的沟通，人们将一些需求释放到虚拟世界。当然，资本和技术市场，也渴求新概念的支撑。

总之，与 20 年前的"第二人生"等 3D 社交游戏相比，今天的元宇宙追求沉浸感更好的用户体验，追求虚拟空间与现实空间的更深度融合，追求构建一套完整的数字原生社会体系。

前端与后端

正如前面介绍的，狭义元宇宙基本就成了 3D 版的 VR 社交游戏了，直接把天聊死了。广义的元宇宙 All in 了，基本等同于整个数字世界了，也没法继续深入探讨了。

结构化理解元宇宙的一个简单路径，是分别从外部特征和内部技术实现两方面入手。比如元宇宙的外部特征，Roblox 公司 CEO 的说法很流行，认为元宇宙产品应该具备八大要素：身份、社交、沉浸感、低延迟、多元化、随地、经济系统和文明。还有一些研究，从元宇宙的内部技术实现出发，认为元宇宙包括数字身份、数字人、VR/AR/MR、内容平台、区块链、算力网络和物联网等。

在互联网应用的架构设计中，为了方便分工协作，最常见的架构设计和分解方法是，从水平方向把架构分为前端和后端。前端开发负责要展现给用户的页面和内容等，主要场景包括传统的 Web 前端、移动端和大数据端等，更强调用户体验。后端开发是支撑前端展现的，主要包括平台、接口和业务等，更靠近业务逻辑和基础资源。

元宇宙也是一种互联网应用，可以借鉴互联网已经成熟的做法，"做新学旧"，从水平方向也把元宇宙分为前端和后端，以及贯穿前后的数字身份。把元宇宙分为前端和后端，与今天的 PC 互联网、移动互联网和物联网等分类方式存在传承关系，都强调前端和终端，都强调用户接入方式和不同体验。

元宇宙的前端主要实现真实的人与元宇宙的交互，包括数字化身、内容平台和经济联系等，特别关注沉浸式的用户体验。代表性前端硬件如 VR、AR 和 MR，支持 3D 的计算机、智能手机和脑机接口等，代表性前端软件如支持 3D 的操作系统、浏览器和各类 App 等。元宇宙的后端，为数字化身提供内容服务和建立经济联系等，可以进一步分为内容平台和经济平台两大类。

内容平台为 3D 内容的采集、生产、处理、传播和治理提供技术性的共性支撑，主要源自传统游戏平台和社交平台。元宇宙核心特点之一提供平台工具，允许用户更为开放地创造内容，可按照工具平台和应用平台进行划分。工具平台主要提供包括游戏创作、图形图像创造两类工具，应用平台主要提供一站式富媒体创造和经济应用创造平台能力。

经济平台为 3D 内容的商品化提供支付和法律基础设施。经济平

台又可以再细分，一类是传统金融数字化来的，另一类是区块链原生的金融，即 Web3。

在整个元宇宙中，前端的 VR 等提供用户接入 3D 世界的服务，更强调沉浸式体验；后端的内容平台和 Web3 分别提供商品服务和金融服务，更强调经济属性。把前后贯通的是活的人，是前端更强调视觉效果的数字人和后端更强调控制权的 DID。

元宇宙是一个由活人组成的 3D 互联网，因为交互、交易和监管等需要，要有一个相对完整的身份系统，主要包括三层功能。首先，用户在元宇宙场景下的编码标识，主要包括用户标识、数字钱包等形态，比如分布式的 DID 等。其次，用户在元宇宙应用中身份的形象展示。沉浸式一站式交互，需设计更为形象、完整且个性化的用户虚拟化身，虚拟数字人是其代表性应用。最后，用户的社会信息。与互联网的用户画像类似，元宇宙中的用户画像数据也需要跟踪用户偏好、用户行为、用户经历等多维信息，以丰富元宇宙用户的身份内涵。

元宇宙的入口

元宇宙的入口必须支持 3D，3D 支持是元宇宙的最基础性的特征。元宇宙所需要的 3D 支持也必须是沉浸式的，既要能够随着用户肢体或者思维的改变，开辟出不同的画面和内容。实现 3D 支持，可以有不同的技术路线和设备形态。

今天的计算机和智能手机，绝大多数的屏幕是 2D 的，只有长和宽两个维度。3D 显示器是一种在长宽之外增加了深度显示的三个维度的设备。其基本原理是查尔斯·惠斯通爵士在 19 世纪 30 年代就描述过的，就是通过为观众的左眼和右眼提供不同的图像，当大脑将这两张 2D 偏移图像组合起来时，会感知到 3D 的深度。

科技界"词语通胀"的现象比比皆是，比如大数据、人工智能和自动驾驶，3D 技术当然不会免俗。这种拿两张带偏移的 2D 图片，就敢号称是"立体显示"或"3D 显示"的做法，多年来因为市场营销的需要，早已根深蒂固。而真正的 3D 显示器（比如全息显示器），需要在观察者移动头部和眼睛时，增加所显示 3D 对象的信息。

3D 显示器可以是近眼显示器（如 VR 头显），也可以位于远离眼睛的设备中（如支持 3D 的移动设备或 3D 电影院）。VR 头盔为用户形成密闭的虚拟现实体验空间，让用户根据头盔内的影像全方位感受虚拟场景。VR 影像以用户为主体，随着用户肢体或者思维的改变，它会开辟出不同的画面和内容。而支持 3D 的设备或影院，虽然也可以有逼真的视觉效果，但不是观众自行开辟 3D 路线，而是随着屏幕内影像的移动改编空间、场景，从而产生身临其境的效果。

受广泛认可的世界上第一款沉浸式仿真应用的头戴式显示系统，是 1968 年美国图形学之父伊万·萨瑟兰（Ivan Sutherland）团队创造的"达摩克利斯之剑"。在 1970 年到 2000 年里，医疗、飞行模拟、汽车设计和军事训练等行业出现了专用的 VR 设备，消费级 VR 商业化陷入低潮。随着微软、Sony、HTC、任天堂等纷纷押注 VR，自 2015 起，连续几年都被市场营销冠以"VR 元年"的说法。2020 年新冠疫情暴发，催生了用户对 VR 的新需求。

从近眼显示器 VR 出发，现在已经发展出了增强现实（AR）和混合现实（MR）等技术，并且被统称为扩展现实（XR）技术。MR 与 AR 两个词语经常可以混用，本书中也将 VR 和 XR 混用了（除非特殊说明）。除了基于视听的 XR 等，目前还有基于触觉和基于大脑的交互等设备类型，只是即使相对还不算成熟的 XR，后者的成熟度差距还很明显。

基于触觉交互技术，主要包括移动输入、触觉补偿和远程操控，以及针对光学、惯性传感器（IMU）驱动、热点红外、电磁、电容等其他感知模态的探索。另一种是数码纺织品，不是在身体上安装传感器，而是将新型材料和导电丝集成在普通的织物上，通过织物感知人体运动信息。如，PocketThumb 和 ARCord 等将衣物与 MR 的数字实体转换为用户界面，Google 也已启动了提花项目（Jacquard Project），试图以合理的价格大规模生产智能织物，以便与夹克和裤子等日常服装相结合。

基于大脑的交互是通过与大脑建立直接的交互，也是各界聚焦的技术途径，代表性技术是脑机接口。传统的脑机接口主要聚焦对于大脑信息的读入，是指利用中枢神经系统产生的信号，在不依赖外周神经或肌肉的条件下，把用户的感知觉、表象、认知和思维等直接转化为动作，在大脑与外部设备之间建立直接的交流和控制通道。另一类脑机接口主要聚焦于对大脑的写入，主要由外部设备或机器绕过外周神经或肌肉系统直接向大脑输入电、磁、声和光的刺激等或神经反馈，以调控中枢神经活动。脑机接口技术历史悠久，计算机的使用使得处理大量脑电数据成为可能，当前正处于技术爆发阶段，其应用范围已远远超出了临床医学领域，拓展应用到情绪识别、虚拟现实和游戏等非医学领域，也推出了多种脑机接口新范式。

按照是否对大脑造成创伤性接入来看，脑机接口主要包括侵入式和非侵入式两种方式。目前，非侵入式脑机接口研究仍占主导。美国重视侵入式脑机接口研究，已成功开发了多种外周神经电极、三维电极、柔性电极、环形电极、光遗传技术并应用于脑机接口。相比较而言，欧盟和欧洲国家重视神经疾病研究，主要关注非侵入式脑机接口，日本也主要关注非侵入式脑机接口，倡导脑机接口和机器人系统的集成。

元宇宙是下一代互联网的重要发展方向，正在将互联网的入口从手持移动设备升维到可穿戴设备，从 2D 升维到 3D 方式。在 PC 互联网和移动互联网时代，互联网的入口大战从来就没有消停过，门户网站、导航网站、搜索引擎、电子邮件、网络购物、社交网络、浏览器、应用商店、移动支付、安全服务和视频服务等，都曾各领互联网入口的风骚三五年。基于视觉的 XR 技术相对成熟，但所提供的沉浸感还无法满足元宇宙的基本要求。而基于触觉的交互技术和基于大脑的交互技术，都还处于探索的初期。元宇宙的入口大战必将到来，但尚需时日。

数字人：让数字生命可视化

元宇宙和 Web3 的核心组成部分都包含了数字身份，但关注的

重点却完全不同。Web3 的核心是数字经济，因此，Web3 的分布式身份更关注数字身份经济属性和控制权，是数字身份的灵魂。元宇宙的核心是用户体验，因此元宇宙的数字身份更关注数字身份的躯体和外貌，典型代表是头像、数字化身和数字人等。

早期的互联网论坛是没有头像（picons）的，在论坛和聊天室冲浪时用户只需要有一个网名。早期的网名越奇怪越潮，加特殊符号或直接火星文的比比皆是。比如，"水晶女孩""卡哇伊の天使""嘿妳很拽嘛""bobo 顶 bobo""坏天使"和"轻舞飞扬"（中文网络小说里程碑《第一次亲密接触》中的大女主）等，已经成为"70 后"、"80 后"和"90 后"共同的青春回忆。

头像作为个人资料图片或用户画像最早出现在哪个论坛已无从考证，但现在头像已经被广泛应用在社交网络、电商、智能客户和游戏等领域。

头像大致有两个来源，一是采用现实生活中的自我形象（如真实照片）；二是创建或使用一个独特的虚拟角色（如 gif 格式的动图）。头像大致有 2D 和 3D 两种类型，微信等社交应用中的头像多是 2D 的，而视频游戏等应用的头像大多是 3D 的。

虚拟数字人（digital human）是用计算机创造出来的，是拟人化的图片或视频，但与头像或化身存在明显的不同。数字人并不指向任何一个具体的人，也没有自己的机械躯体。"她"可能会被用于代表一个歌手、演员、主播或客服等，在"她"后面可能会站着一群创造、运行和维护"她"的人。

数字人是应用数字技术直接创造出的"原人"，一个只活在数字平行世界中的"数字孤儿",一个在人类世界里没有"孪生姐妹"的影子,无身体却有影子。而头像或化身,无论用真实照片还是定制角色,都是线下真实人在虚拟世界的"身影",是把人类花名册上的一组字符串具象为可视化的"人形"。头像和化身的根是在真实世界,虚拟世界的"孪生姐妹"只是现实的一个影子。

> 本书中的数字人指具有数字化外形的虚拟人物。对数字人还有另外一种理解,指人体结构的可视化,即以三维形式显示人体解剖结构的大小、形状、位置及器官间的相互空间关系,即利用人体信息,实现人体解剖结构的数字化,主要应用于医疗领域的人体解剖教学、临床诊疗等。

数字人也与机器人(robot)不同,数字人是软件定义的,只活在显示屏上,只占用比特世界的空间,没有人形的硬件躯体。当然,现在偶尔也会有知名数字人"下凡"到人类世界中,发展"周边产品"卖给真正的人类,以获得更多影响力和经济效益。

数字人一般具备以下特征:一是拥有人的外观,具有特定的相貌、性别和性格等人物特征,是可视化的;二是拥有人的行为,具有用语言、面部表情和肢体动作来表达的能力;三是拥有人的一些思想,具有识别外界环境并能与人交流互动的能力,比如与ChatGPT结合后会更加能说会道。

数字人是虚拟人物的一种,早期探索阶段的虚拟人以手工绘制为主,是模拟的还不是数字的。1982年,日本动画《超时空要塞》

的制作方，将女主角林明美包装成演唱动画插曲的歌手，成为世界上第一位虚拟歌姬。

到了21世纪初，计算机被大量使用来创造数字人，数字人也开始达到了实用水平，但造价不菲，主要出现在影视娱乐行业，如数字替身、虚拟偶像等。2001年，《指环王》中的角色咕噜就是由CG技术和动作捕捉技术产生。2007年，日本制作了第一个被广泛认可的数字人"初音未来"，是一个二次元风格的少女偶像。

最近10年，得益于人工智能和深度学习算法的突破，数字人的制作过程极大简化，成本快速下降，已经到了能够产业化的初级阶段。比如，在2020年CES国际消费电子展上，展出的NEON是一种由人工智能所驱动的虚拟人物，拥有近似真人的形象及逼真的表情动作，具备表达情感和沟通交流的能力。

现在的数字人多为女性的模样，也是因为前面介绍的"伊莉莎效应"在性别方面的体现。人类社会刻板地假设，女性对服务工作和情感类劳动具有天然的亲和力，于是就连数字人的外貌和行为也都有了性别特征。

在数字人的美学中，还有一个"恐怖谷"效应。"恐怖谷"是指物体与人类的相似程度，与对物体的情感反应之间的关系。与真人不完全相似的人形物体，会在观察者中引起不可思议、奇怪、不安或厌恶感。随着虚拟现实、增强现实和计算机动画的日益普及，该词常被引用来表示一个作品的真实性。一个几乎看起来像人类的实体，将有可能在观众中引起寒冷、怪异的感觉。（见图8-2）

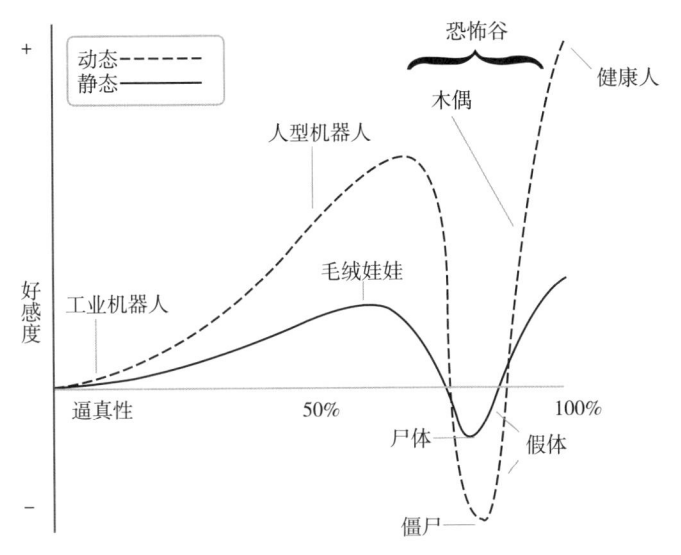

图 8-2 数字人的"恐怖谷"效应（图片来自网络）

数字人产品的典型应用场景目前主要是在泛娱乐、金融、文旅体育、医疗等领域，如游戏中的角色扮演、影视作品中的数字替身、新媒体中的虚拟主播、虚拟主持和虚拟偶像、文旅中的虚拟导游和讲解员、医疗中的心理医生和家庭医生、教育中的家庭教师、电商中的虚拟导购等。国内已经形成了抖音、快手、微博、哔哩哔哩等数字人商业化平台，服务于直播打赏、电商带货、短视频广告、品牌代言、线下活动联动等变现方式。

近年来，明星"塌房"事件时有发生，不仅给社会造成了负面影响，同时也让和他们签订代言协议的商业机构蒙受巨大损失。但数字人不会"塌房"，因为"她们"根本就不需要住的"房子"。

绕不开的游戏

智能手机的应用是从刚需的通信开始的，随后而来的才是手机化了的其他内容。但 VR 的应用是从消费娱乐开始的，并且从一开始就需要优质内容的配套。目前 VR 在内容领域的应用是以游戏为主，有数据显示，在 Meta 的 Oculus PC 和 Oculus Quest 两个平台中，游戏应用的占比达到 60%。

游戏是人的天性，可以让人们在无聊时有事做，是填补生活空隙的调味剂。在角色扮演游戏中，能够控制比自己强的人，本身就是游戏。电子游戏历史上对计算机、PC 互联网和移动互联网产生过深远的影响，也是 Web3 和元宇宙等最重要的早期应用场景，其影响主要体现在技术、艺术和经济三个方面。

首先是在技术方面。在尝试提升游戏艺术表现力和娱乐性的过程中，游戏开发者极大推进了相关技术的进步。比如，现在大量用于 AI 等场景的 GPU，诞生的原因是做并行的图形加速，而当年的图形几乎都是游戏画面。游戏中诞生的 3D 建模、3D 渲染和碰撞系统等，目前已经广泛应用在建筑建模、视频渲染、特效电影和元宇宙的构建中。自 20 世纪 50 年代以来，游戏一直是人工智能能力的经典考试题。深蓝于 1997 年 5 月 11 日成为第一个击败卫冕世界象棋冠军的计算机国际象棋系统。2011 年，在《危险中！》问答秀表演赛中，IBM 的问答系统沃森以显著优势获得了冠军。2016 年 3 月，AlphaGo 以 4∶1 的成绩击败围棋冠军李世石。DeepMind 在 2010 年开发了一种"广义人工智能"，可以学习许多不同的 Atari 游戏。

第八章 元宇宙：数字原生的集大成者

其次是在艺术方面。正如绘画的功能从记录历史与宗教的载体，逐渐转化为纯粹的审美对象一样，电子游戏也经历了从只追求娱乐性到更注重艺术性的发展过程。以 Pong、Spacewar 为代表的初代电子游戏受主机内存与显示限制，全部使用简单像素块表示游戏内容，力求画面直白易懂。随着个人计算机的普及与计算性能的进步，3D 技术被越来越多地应用于游戏场景中。无论是主打高难度战斗的《只狼》还是以剧情见长的《巫师 3》，新一代电子游戏代表作的美工，几乎无一不在追求越发逼真的 3D 建模的道路上越走越远，出现了所谓的"3A 游戏"（指其制作规模之大）。庞大的设计团队、高昂的开发投入与漫长的制作周期等，共同造就了日臻精巧的游戏表现形式，使头部游戏越发接近于艺术品。

最后，是在经济方面，可以分为游戏外的经济行为与游戏内的经济行为。

游戏外的经济行为，即玩家消费现实货币以获得游戏体验的过程。最初的主机游戏大多采取软硬件一体机的形式发售，需要单独购买游戏机以体验对应游戏内容。这一昂贵的开销劝退了大量潜在游戏爱好者，于是雅达利公司自 Pong 推出了街机模式，很快取代主机游戏成为主流——玩家只需要投入少量硬币或游戏币，就可以在公共场所的游戏机上享受最新的游戏，这是"买断制"商业模式的起源。其卡带机的设计可以让玩家购买不同的游戏卡带插入游戏机，从而体验不同的游戏内容。但这一制度仍有其弊端：在购买游戏前玩家无从得知游戏品质如何。后来，任天堂等日本游戏厂商开始注重把控游戏品质，于是引入第三方工作室进行游戏的设计和制作，

以此保证游戏的口碑。

进入互联网时代，多人在线联机游戏出现，持续的服务器维护工作与游戏内容更新成本使厂商开始探索一种更为细水长流的收费方式——点卡制/月卡制。玩家不再一次性买断游戏内容，而是通过购买游戏时长（"点卡"或"月卡"）的方式持续为游戏体验付费。以《魔兽世界》为代表的早期MMORPG（多人在线角色扮演游戏，即一般意义上的"网游"）大多采取了按时付费的盈利模式。但与此同时，新的付费模式也导致了新的弊端：为提高玩家游戏时长，游戏中常常会设计大量重复枯燥、意义不明的长任务目标以拖延时间。于是，"私服"应运而生，开始采用内购制。游戏时间不再与付费多少挂钩，取而代之的是对游戏内部分道具收费，让玩家通过"用钱换时间"的方式向厂商付费。付费门槛进一步降低，付费游戏玩家群体比例变化，从"集中在中氪"转变为"大部分微氪/零氪，少数人重氪"的金字塔形式。内购制的一种变体是"抽卡"，发源于日本，玩家通过购买"抽卡资格"在卡池中随机抽选游戏卡牌，目标是抽到自己想要的卡牌。

游戏内经济行为指很多电子游戏都会设计代币系统，供玩家在游戏内进行消费。可以将这类货币系统大概分成三类：一是代币完全在游戏内产出，玩家间不能交易，只能与系统进行买卖（比如买断制单机游戏）；二是代币部分或完全在游戏外产出，玩家间不能交易，只能与系统进行买卖（比如内购制抽卡手游）；三是玩家间可以利用游戏内代币进行交易（比如MMORPG市场板）。前两种游戏内经济体系完全由厂商决定，厂商具有垄断地位，玩家是价格的被动接受者；最后一种游戏内经济体系由厂商和玩家共同决定，更接近于自由市场情况，厂商扮演规则制定者而非参与者的角色，玩家在很大程度上能够影响经济体系运行。

最新研究表明，相对游戏内容本身，"猪队友"、卡顿、网络延迟、氪金和挫败感等，更容易引发玩家的暴力倾向。另外，一些游戏有利于激发玩家的想象力和创造力，有利于学习一些新技能。比如，一项对年轻外科医生的测试表明，擅长玩"地下世界"游戏的医生在微创手术中的表现更好。腹腔镜手术有精巧灵活性的要求，而"地下世界"成为一款训练外科医生的游戏，一种没有心理负担的实习机会。

简·麦格尼格尔（Jane McGonigal）在《游戏改变世界》一书中，深入探讨了游戏化如何让现实变得更美好。她认为人们真正害怕的不是游戏，而是在游戏结束、现实开始时迷失了方向。游戏化可以重塑人类经济的未来，让人们的生活变得更平等、更充实、更愉悦，让人际交往变得更真实、更深入、更多元，让娱乐业有更大的发展空间和经济收益，且更具想象力。现在的游戏基本是在引导玩家忘记现实，可现实是无法逃避的，因此，更加明智的办法是用游戏中学到的经验改造世界，未来一切行业都是娱乐业，游戏和工作的边界日益模糊。

媒介即人的延伸。每次信息技术革命，从语言、文字、纸张、印刷术到电子，从游吟长诗、文字纪实、诗赋、小说到电影和电视剧，都会产生新的文化和艺术形态。数字时代最具代表性的世俗文化形态，应该就是电子游戏了。

很多科幻小说和电影已经向我们展示了,我们的世界可能是虚拟的,是一个宇宙级的游戏场景。人类有可能生活在计算机模拟的世界当中,每一个人都是电脑当中的一串代码,以为是真实世界,其实是虚构的。早期的科学研究就是有钱又闲的人的智力游戏。人生如戏,生活本就是一款大型多人在线游戏,每个人都在做角色扮演。是游戏让我们在这个无趣的世界中生存下来,毕竟现实是个设计得非常糟糕的游戏。

新图灵测试

1950年,阿兰·图灵(Alan Turing)为确定机器是否具有人类智识提出了一个非常简单的测试:跟一个文本交谈时,它会被误认为是另一个人吗?图灵测试用于测试某机器是否能表现出与人等价或无法区分的智能。图灵测试已经发展出一些变种,比较重要的至少有两个,一是基于反向图灵测试的验证码,测试的方向逆转了;二是从文本发展出了视觉图灵测试,测试的对象从文本发展到了视觉。

验证码让用户识别一些扭曲的图形,并要求用户输入图中的字母、数字或做简单运算的结果,来辨识此次登录的是自然人还是机器,以防被自动化系统滥用(比如用机器自动嗅探密码)。验证码的基本假设是,机器还无法识别出扭曲的符号,但普通人都可以做到。

你我每天向计算机输入验证码,其实在向机器试图证明,"我不是个东西,我是人。"近年来,验证码越来越"扭曲"和"变态",甚至加上了短信验证、拼图和活体检测等功能,是因为 AI 技术和机器视觉能力的飞跃，传统验证码已经破防了。

视觉图灵测试，是给定图像和关于图像的自然语言问题，系统需要提供准确的自然语言答案，包括计算机视觉（CV）、自然语言处理（NLP）和知识表示与推理等的问题和回答测试。视觉图灵测试的通俗叫法是 VQA（Visual Question Answering）。

从验证码到 VQA，图灵测试还是属于 AI 领域的。

元宇宙希望打造的是一个数字世界，一个人造基础设施、人造智能、人造视觉、人造数字人、人造财富的地方，能否通过现实中地球人的测试是成功与否的关键指标。

元宇宙需要的图灵测试是将 AI 的图灵测试和视觉图灵测试结合起来："反向视觉图灵测试"——播放一段 VR 展示的 3D 内容，看测试者是否能够将 VR 显示的环境和真实世界区分开，看测试者是否会把数字人当作真人。

视觉图灵测试测的是机器识别视频时的智能化水平。元宇宙的视觉图灵测试是反向的，测的是机器、平台、算法和 VR，所合成和显示的 3D 视听内容的逼真度，能否做到长时间的以假乱真。做 AI 图灵测试是为了分辨是人还是机器，做元宇宙的视觉图灵测试是为了分辨是虚拟的还是现实的。

2022 年 6 月，Meta 公司提出的"视觉图灵测试"，就属于元宇宙类的图灵测试。到目前，还没有任何 VR 设备能够通过视觉图灵测试。也就是说，让 VR 在视觉上能够骗过人类视觉，让你相信"通过 VR 看到的内容是真实可信的"，根本上还做不到，也就无从谈起元宇宙所需要的长时间的沉浸感了。

元宇宙是一个不仅包含了文字、AI 和视觉的虚拟世界。因此，对元宇宙图灵测试，还应该从视觉延展到整个元宇宙，做"元宇宙级图灵测试"。比如，区分机器智能还是人类智能，区分虚拟、增强还是混合现实，区分过去还是未来，区分数字孪生还是原生的数字人，区分生物人还是数字化身等。

如果把图灵测试进一步延展到社会层面，还需要区分数字自由民还是数字奴隶，区分机会还是欺诈，区分进步还是退步，区分数字难民还是植物人，区分有无道德等。

从 AI 的图灵测试和反向图灵测试，从视觉图灵测试到反向视觉图灵测试，再到元宇宙级的图灵测试，地球人现在也就说说而已。因为作为基础性技术的 AI 和 VR 都已经 60 多岁了，也还没有通过各自的图灵测试呢！

跨越三界

"超现实"是哲学家让·鲍德里亚（Jean Baudrillard）提出的一个概念。在超现实的条件下，真实的东西和虚构的东西无缝地融合在一起，一个的结束与另一个的开始之间并没有明确的区别。超现实允许将物理现实与虚拟现实相结合，人类智能和人工智能相结合，现实经济与虚拟经济相结合。

从哲学社会学看，元宇宙就是一个现代人类梦想和建设中的数字原生的"超现实"，一个跨越了生命世界、物理世界和数字世界三者边界的存在，一个可能会发生第四次工业革命的地方。

在这个新世界里，建设者、消费者和居民由数字原生代和数字移民组成，他们是平等的。每个人都会拥有和能够控制属于自己的一个或多个对应的数字化身。在这里，数字化身的灵魂来自物理世界的肉身，物理世界的灵魂体现为数字世界的化身。数字化身可以数字永生，但数字灵魂却不能。没有了灵魂的数字化身，会成为元宇宙中的僵尸。

众多的数字化身，应用人类智慧和机器智慧，共同劳动、生活和娱乐。"他们"建设数字新型基础设施，发掘新的数据要素，创造新的生产组织形式和管理方式，生产"本宇"特色的数字产品，交换数字商品，使用数字原生的货币。

在这个新世界里，生命、产品和财富，法规和秩序，能源和基础设施环境，都是以数字形式存在的。绝大多数的交易会发生在元宇宙内部而不是"三界"之间，发生在算法和机器之间而不是人类之间，基于智能合约而不是传统契约，使用的是基于区块链的数字原生货币。（见图8-3）

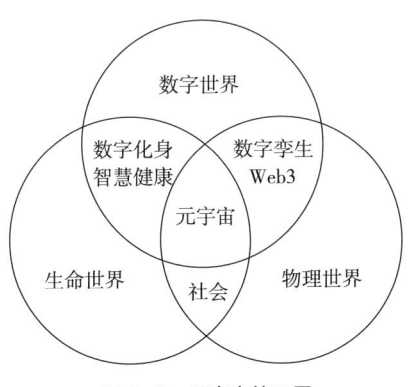

图8-3 元宇宙的三界

在这里，不依靠传统经济和金融体系，通过内嵌体系就能够全流程完成数字商品的生产、确权、使用和交易等，在元宇宙内自循环就可以完成整个交易。

当然，在元宇宙的蛮荒时代，还要更多地依靠与外部世界的贸易才可能生存和发展，但一般只是在需要"宇外"的算力能量和人类智慧时，才会与外部的世界产生贸易关系。

元宇宙需要来自外部生命世界的智慧，需要来自外部世界的物理基础设施（如 VR 眼镜、服务器和数据中心等）和三次能源（即算力、网力和存力）。当然，外部世界也需要来自元宇宙的数字商品和数字服务（如学习、娱乐和智慧等），需要来自元宇宙智慧的帮助，需要来自元宇宙的娱乐活动等。

元宇宙与外部世界的利益交换，是通过"跨宇贸易"完成的。当元宇宙内生数字商品的交易额超过了其与外部经济体的"外贸"额时（比如超过 50%），就可以说元宇宙的数字原生时代已经到来。

人是元宇宙的第一动力，是元宇宙的规则制定者，是智慧的第一来源。不知是神创造了人还是人创造了神，但元宇宙的创造者很明确，是人。

理想与现实

元宇宙是下一代互联网的重要发展方向，但互联网的尽头不会是元宇宙。元宇宙主要面向 3D 沉浸式，但人类生活在 3D 空间加时间的 4D 世界里，因此，从长远来看元宇宙依然会是一个"过渡"。

另外，互联网还有很多其他发展方向，比如，更多地址、更好的移动性、更安全、更智能、与实体经济更深度融合等。元宇宙可以不纳入 Web3 和 AIGC 等新概念，但必须有对 3D 的支持，为用户提供立体式的新体验。一个不支持 3D 的数字系统，即使具有强大的 AI 和 Web3 能力，也不应该被称为元宇宙，也应该改个名字。

元宇宙是又一次技术创新。技术创新就是对技术的排列组合，但元宇宙现阶段还是对各类要素的大杂烩，还没有找到最佳实践，没有找到方法将这些要素有机组织起来，实现从物理意义的堆砌到"生态化反"的突破。

科幻的理想很丰满，科技的现实很骨感。

一项新技术是否已经引发了重要的社会问题，引起了大众媒体的"负面"关注，已经在被纳入法律和监管的路上，是衡量该技术是否已经成功产业化的重要"反向指标"。近年来，主要国家科技治理的关键词，多为隐私保护、网络欺诈、反垄断、AI 伦理和数字货币/区块链等。而关于 VR/元宇宙治理的讨论，还基本停留在学术性的研究阶段。

VR 和元宇宙属于颠覆性技术，但这些反向指标并没有出现，是因为元宇宙还面临着技术可行性、新型隐私保护、用户使用安全和社会新问题等，大规模产业化阶段还没有到来。

技术可行性

元宇宙重度依赖 VR 设备，而 VR 设备形态有多种。比如，有作为手机配件的"移动VR",有作为PC配件的PCVR,也有把显示、计算和通信高度集成做成独立产品一体机的。

受限于硬件和内容等瓶颈,目前VR的用户体验普遍不佳,比如图像质量差、动作捕捉不精确、透气性差、刷新频率慢、便携性差和价格较高等问题,虽然每年号称都有明显进步但并未达到临界点。因此,目前的VR硬件开发重点是克服头显和传感器的局限性,增加对触觉技术的沉浸感等。

在SIGGRAPH 2022期间,Reality Labs显示系统研究团队认为,打造理想的VR将至少需要克服10项关键挑战:1)分辨率;2)视场角;3)人体工学;4)视力矫正;5)动态变焦;6)眼球追踪;7)畸变校正;8)HDR;9)透视;10)面部识别。

互联网追求的"永远在线"现在已经实现了,但元宇宙追求的是"永远在场",而现在还只能是"偶尔在场",用户还无法长时间沉浸在元宇宙中。

2021年,英特尔高级副总裁公开表示,元宇宙实现真正持久的和沉浸式计算,规模可供数十亿人实时访问的场景下,需要将计算效率再提高1 000倍。所谓真正持久和沉浸式,就是至少达到一部电影的时间长度和观影体验。如果按"网瘾"定义的持久标准,每天使用VR要超过4小时才能算元宇宙的"沉浸式"。

人有视觉、听觉、嗅觉、味觉和触觉五种感官,而VR设备主要针对的是视觉和听觉,对触觉的探索刚开始。在基于VR的元宇宙中,人类数字化身的感官是"五缺三",基本就是"数字植物人",无法让人长时间保持"在场"的感受,只能算是"视听级"的元宇宙。

VR可以只是视听的，但真正沉浸式的元宇宙不能只是视听层面的。英伟达CEO黄仁勋博士认为，下一代沉浸式将不仅是更为真实地模拟爆炸或街头比赛的视听效果，而是要多元地运用分子物理学、重力学、电磁学、电磁波，包括光波和无线电波，以及压力和声音的原理，打造活人能够全面体验的"生物级"元宇宙。而要实现"生物级"的沉浸感，需要将算力在"视听级"的基础上再提升大约1 000倍，算力需求是今天的大约100万倍。

从软件和标准的角度看，元宇宙目前的实现还多基于专有技术，缺乏数据格式、通信协议和操控体验的标准化，也缺乏有影响力的开源框架和开放平台作为基础设施，这将直接影响未来不同机构的不同元宇宙孤岛之间的互联互通。

世界上只有一个互联网（The Internet），它是从很多internets经过30多年的激烈竞争，统一后才产生的。世界也只需要一个元宇宙（The Metaverse），很多企业都在创造属于自己的私有元宇宙（metaverses）。从metaverses到The Metaverse，从基础设施的互通到数字化身的"复生"，实现互联互通建立一个统一的元宇宙将是一项长期而艰巨的任务。

生物性隐私

在PC互联网时代，人们津津乐道的是互联网的免费模式，几乎没有人关心隐私问题。而到了移动互联网和大数据时代，隐私问题

凸显了出来，但移动互联网的个人隐私数据还是外挂式和社会性的个人信息。元宇宙把对个人隐私数据的收集进一步升维了，成了内生性和包括生物性的个人信息了。

VR头盔会收集用户生物特征数据，包括运动、行为、反应和眼动信息等，收集的范围和数量远大于智能手机了。这些个人生物数据，可能会间接揭示用户的种族、人格特质、恐惧、情绪、兴趣、技能以及身心健康状况等信息。（见图8-4）

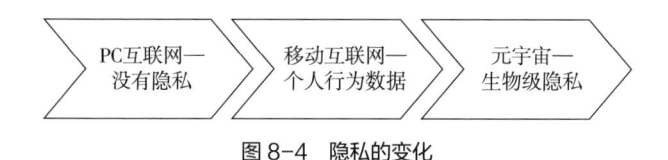

PC互联网—没有隐私 → 移动互联网—个人行为数据 → 元宇宙—生物级隐私

图8-4　隐私的变化

身心问题

元宇宙的沉浸感有点像医疗手术过程中的麻醉。麻醉是通过药物或其他方法，使病人整体或局部暂时失去感觉，以达到无痛的目的，为手术治疗或者其他医疗检查治疗提供条件；而元宇宙是通过VR或其他方法，使用户部分（如主要是视听）或整体（整个身心，目前还没有这样的技术）暂时切断与真实的联系，以达到产生3D幻觉的目的，为游戏娱乐或设计活动等提供沉浸感。VR和麻醉都需要做很多准备工作，都需要在切断与真实世界的联系过程中保证人身安全并且能够持续一个时间段，都需要能够再连接到现实中来，可能都需要做一些"善后处理"。

一个人暴露在虚拟现实环境中，会导致"虚拟现实病"。这种用虚拟现实自身直接命名的网络晕眩，最常见的症状包括眼睛干涩、浑身不适、头痛、头晕、恶心、呕吐、苍白、出汗、疲劳、嗜睡、抽搐、癫痫和定向障碍等身体健康问题，以及网络、社交和游戏成瘾带来的抑郁、焦虑、孤独、冷漠和逃避现实等心理健康问题。

VR 可以欺骗视听，但身体却很诚实。这些晕动症状是由 VR 所看到的和身体其他部位的感知脱节引起的。当身体的内部平衡系统（即前庭系统），没有通过眼睛体验到它所期望的视觉和听觉输入的运动时，比如，帧刷新速率不够高或身体运动与屏幕对应的视觉反应存在滞后，用户很可能会经历"VR 疾病"。

研究发现，大约 25%—40% 的人在使用 VR 机器时会经历某种 VR 疾病，女性比男性更容易受到耳机诱发症状的影响，分别约为 77% 和 33%。Piper Sandler 在 2022 年的一份研究报告显示，只有 26% 的美国青少年拥有 VR 设备，5% 的人每天使用它。

VR "骗得"了视听一时，但"骗不了"身心多时。进入元宇宙与进入外太空有几分相似，都是生物体离开了百万年来已经适应了的环境，进入了一个新环境。元宇宙是视听失衡的新环境，后者是重力失衡的新环境，时间长了都会引起各种症状。

在失重状态下，如果时间短（比如荡秋千、玩过山车），一般不会引起机体的不可逆损伤，但长期处于失重环境下会引起人体内体液的再分布，可能会引起与前庭器官密切相关的人体主管呼吸、消化、循环、排泄等自主神经系统出现紊乱，进而引起头晕、恶心、呕吐等症状，外在表征与 VR 症惊人相似。

社会问题

有人的地方就有"江湖",有数字化身的元宇宙就有社会问题。元宇宙可能会引发三类新的社会问题:一是有害社交,比如导致用户逃离现实和疏离社会,利用"回音室效应"操控舆论和偏见等;二是虚拟犯罪,比如骚扰、虐待和偷盗数字资产等;三是伦理道德,虚拟难分带来新的哲学、剥削、偏见和歧视等。

弗雷德里克·波尔(Frederik Pohl)的中篇小说《迈达斯瘟疫》中描述了一个廉价能源的世界。在这个世界中,机器人过度生产人类所享有的商品。下层"穷人"必须一生都在疯狂的消费中度过,试图跟上机器人的奢侈生产,而上层"富人"则可以过上简单的生活。未来在元宇宙的世界里,享受物理世界就会成为一种新的奢侈品。"穷人"不允许摘下VR眼镜或可穿戴设备,因为摘一会儿就无法连续生产数据了,会掉代币积分和被罚款;而精英和贵族阶层,则可以享受青山绿水、园中漫步和现场表演。

关于元宇宙的治理,业界已经出现了"Metalaw"一词,它致力于元宇宙领域的法律体系、政策和理论工作,主要研究传统法律框架与元宇宙之间的关系。一部分人认为,元宇宙需要一个全新的法律基础设施,比如独立的虚拟管辖权、法律秩序、自我调节的政府机构和宪法;另一部分人则认为,元宇宙与游戏世界的规则并没有太大区别,不是一个独立法律领域,可以将元宇宙纳入现有的法律体系保护中来。

小　结

- 元宇宙就是数字原生代创世情结的载体，一个数字原生世界的集大成者，一个数字版的乌托邦。

- 在 10 年内，技术上有可能实现的，属于科技；在 10 年后大概率都无法实现的，属于科幻。

- 元宇宙兴起的原因，一是电子游戏的进步和普及，二是一些科幻电影大片的视听体验，三是技术的进步，四是当下的社会心理需求。

- Web3 更关注数字身份的经济属性和控制权，元宇宙更关注数字身份的躯体和外貌。

- 数字时代最具代表性的世俗文化形态，应该就是电子游戏了。

- 图灵测试从文本方式已经发展出了反向图灵测试（即验证码）和视觉图灵测试，接下来还需要元宇宙级的图灵测试。

- 元宇宙就是一个数字原生的"超现实"，一个跨越了生命世界、物理世界和数字世界三者边界的存在，一个可能会发生第四次工业革命的地方。

- 元宇宙现阶段还是对各类要素的大杂烩，还没有找到最佳实践，没有找到方法将这些要素有机组织起来，实现从物理意义的堆砌到"生态化反"的突破。

- VR 骗得了视听一时，但骗不了身心多时。

- 互联网追求的"永远在线"现在已经实现了，但元宇宙追求的是"永远在场",现在还只能是"偶尔在场"。

* * *

元宇宙是一个数字原生的世界。在这个世界里,不仅需要数字原生的数字人,需要数字原生的价值系统和各种应用,还需要作为市场主体的企业,也进化到数字原生的状态。

第九章
Chapter 9

数字原生企业

数字企业的本质在于利用技术和数据来创造无与伦比的客户体验和价值。

——杰夫·贝索斯（Jeff Bezos）

如果你的企业不在互联网上，那么你的企业很快就会从市场上消失。

——比尔·盖茨（Bill Gates）

我们生活在一个连接的世界中，企业的未来取决于它们如何利用数字技术来连接人们和解决问题。

——马克·扎克伯格（Mark Zuckerberg）

数字原生企业是把数字原生的概念，延伸到企业和组织层面的结果。第一批数字原生代已经成长为全社会的中坚力量了，无论是外部客户还是内部员工，都已经是深刻掌握了数字技术和具备数字思维的数字原生代了。数字新技术已基本准备就绪，移动互联网和智能手机已经普及，云计算、大数据、区块链、物联网和人工智能等已相对成熟，数字新基建如火如荼，数据成为要素已形成共识，以 ChatGPT 等为代表的智能技术更是一日千里。

数字经济与实体经济走向深度融合，传统行业正在全面实施数字化转型。企业数字化转型是一个快速变化的过程，目标是建立起一个相对稳定的数字原生企业。

数字原生企业

数字原生企业（DNE）指在数字化转型和数字原生经济的背景下，以数字技术为核心驱动力，以数字技术和数字思维为核心竞争力，以快速业务创新和灵活市场响应为导向的企业。数字原生企业在组织的结构、生产的产品、运营的方式、与客户的关系、高管和员工的思维方式等，都深受数字技术的影响。数字原生企业更能适应新的数字环境，在运营和创新效率方面要比传统企业至少高出一个数量级。

企业通往数字原生的策略可以因地制宜。比如，有的企业可能会优先考虑从内部激发员工的创造力、提升生产效率和业务创新出发，也有的企业可能会优先考虑从外部改善客户关系、提升客户体验入手。

数字原生企业将数字化已经贯穿到企业文化和战略层面。数字原生企业不仅是将数字技术作为支撑业务的重要手段，而且数字思维已经深入企业的基因中，从文化和战略层面也已经实现了数字化，不仅是转了"数字形"，而且也有了"数字魂"。

数字原生企业的决策链是以客户为中心的，是自外向内的。数字原生企业的决策链不是自上而下的，也不是自下而上的，而是与生态伙伴一起动态决定产品新形态和业务新模式。也就是说，企业与自己生态伙伴（比如开源社区）的边界多是模糊的，客户也是企业的另类雇员。企业外的角色会参与企业发展，甚至参与企业的利润分红中（比如DAO）。

数字原生企业的核心动力源是算力。传统企业的竞争优势是优化原子的运转效率，比如流水线式的生产和管理方式，以电力为核心。数字原生企业的竞争优势是优化比特的运转效率，比如扁平化和网络化的管理模式。就像电力彻底解决了传统企业的动力问题，让动力不再重要，从而将企业的核心竞争力转向了产品。新一代数字技术让IT更不重要，从而将企业的核心竞争力从产品和数字技术转向客户体验。

传统企业的典型生产组织方式是流水线，数字原生企业的生产组织方式可能会是"流水网"。传统企业的原子不能复制，只能"流水线式"的点到点流转。而比特可以复制，可以多点到多点的"网络化"流转，甚至可以是双向的，因此数字原生企业的生产组织可能会成为一种流水网式的模式。当然从拓扑结构看，流水线本就是一种点到点的简单线性拓扑结构，网络本就是由点和线组成的。

数字原生企业会突出技术驱动。数字原生企业通常将技术作为核心驱动力，基于新型基础设施，并通过不断的技术创新和应用推动企业发展。数字原生企业可能会投入大量资源来开发和应用云计算、大数据、人工智能和Web3等前沿技术；而传统企业则可能更依靠传统的业务模式和管理方式来发展业务。

数字原生企业能够实施数据战略。数字原生企业通常采用数据驱动的方式进行决策和管理，并通过数据分析发现商业机会和提高效率。数字原生企业可能会利用大数据分析技术进行市场研究、产品创新和供应链管理；而传统企业则更多采用人为经验和判断做决策。

数字原生企业会拥抱开放生态。数字原生企业通常采取开放的姿态，与其他企业和个人合作，共同建设相关的数字生态。数字原生企业可能会与初创公司和开源社区等合作，共同探索新的商业模式和应用场景。传统企业更多采用独立运作的方式，对于合作和分享持相对保守的态度。

数字原生企业特别强调用户体验。数字原生企业通常非常注重用户体验，并通过数字化手段来提供更加个性化、便捷、高效的服务。数字原生企业可能会利用大数据分析技术来了解用户需求，并

据此进行产品创新和优化；而传统企业则更多采用功能思维，更关注产品和服务的实际功能和特性，可能忽略了用户体验的重要性。

数字原生企业不一定是要创建于世纪之交之后，也可能是传统企业成功转型而来的、潜在的数字百年老店；数字原生企业也不一定是只生产数字商品或提供数字服务的，也可能是实体企业与数字技术深度融合、"脱胎换骨"后的数字原生新实体，比如一些已经高度智能化的"无人工厂"和"黑灯车间"等。（见表9-1）

表9-1 数字原生企业

类别	传统企业	数字原生企业
驱动力	业务导向，技术支撑	技术驱动业务
决策链	多是自上而下	以客户为中心自外向内
动力源	电力	算力
流程	流水线	流水网
数据战略	传统数据存储和管理	依托大数据和AI的创新
生态建设	与外部合作伙伴协作较少	开放生态的合作
价值中心	产品为中心	用户为中心

目前数字原生企业的典型形态，大致包括互联网大厂、开源社区和Web3中的DAO三种，他们都具备数字原生企业或组织的基本特征。

大厂管理的扁平化

诞生于21世纪初前后，在激烈的市场竞争中成长起来的大型互联网公司，在创立之初就"无意识"地秉持数字原生的基本思想和原则，其业务和产品基于数字技术和数字平台，数字技术在公司运营中扮演着核心角色，主张开放生态和用户体验至上。

这些公司也非常注重员工的数字技能培养和文化建设，鼓励创新和试错精神，同时也具有快速响应市场变化的敏捷性和灵活性。这些大厂的普遍做法是以提升公司与客户之间的比特黏性（客户体验）、压缩比特在内部的传播距离（结构扁平化）、鼓励业务小步快跑反复试错的持续创新（敏捷制造），创造出更多的数字资产（平台、数据、算法和模型等）为目标。

这些特点使得大型互联网公司即使是和与其是近亲的计算机公司、软件公司和电信公司等相比，也都存在明显的差别，也让它们具有较强的竞争力，可以说是最早的一批数字原生企业。

前些年，业界曾经流行"互联网思维"的说法，即主张"小步快跑、不断试错、反复迭代"等思想和理念。从汽车、电力到数字产业，其实所有技术行业在早期都会出现这一现象，因此，更准确的说法应该是"互联网原生的思维"，一种互联网出现后原生出的文化新形态和思维新方式。

近年来，一些传统企业以"互联网思维"的方式做自己的"数字化转型"。但实践中经常会发现，在消费互联网场景下非常成功的这些打法，很多并不适用于传统产业的数字化。比如，消费互联网的 2C 场景是标准化的，支持高并发和稳定性是关键；而产业互联网的 2B 场景多是个性化和定制的，安全和运维才是关键。

另外，随着全球性范围内加强对科技巨头的反垄断监管和个人隐私保护的加强，消费互联网常见的跑马圈地和交叉补贴做生态的模式，以及基于用户个人信息的所谓"免费模式"和流量变现，更

是受到了极大的影响，现在即使其他企业复制这一成功模式也不大可能了。

与互联网行业还处于汽车业的卡尔·本茨阶段末期不同，传统行业大多已经过了汽车业的亨利·福特阶段，相对成熟和稳定。并且，不同行业的监管要求、行业惯性做事方式也迥异，以及不同企业的生产方式等，也与互联网大厂的信息产品研发和服务方式有很大的不同。

因此，互联网思维只是数字原生的一种风格，应该学习之而不是照抄之。做数字化转型、试图克隆互联网大厂的思维方式，这种捷径是走不通的。传统企业需要结合本行业和本企业的实际情况，从互联网思维"后撤"些，寻找适合自己的转型路径。

相对互联网思维，"数字化转型"的说法更中立，因为这一概念只强调要转型但没说必须是互联网式的转型。虽然传统企业不能照抄，但互联网行业依然还是数字化转型甚至是数字原生的最佳实践代表。

共建共享的开源组织

数字原生企业的另外一种典型形态是开源社区。开源社区是由志愿者、开发者和贡献者组成的社区，这些人都是通过互联网连接在一起的。开源社区的主要目标是通过开放源代码的方式共同开发软件和共享技术，运作方式也强调创新、快速响应市场变化和灵活性等特点。在开源社区中，开发者和贡献者可以自由地加入或离开项目，不受地理位置限制，也不受企业规模和层级的限制。

虽然开源社区继续沿用了传统公司制度中最基本的科层分工制，但开源社区的分工是角色分工而不是权力分工，大家不是上下级关系。开源社区是任务驱动的，而不是薪资驱动的。开源社区中，人人都是"股东"，但贡献者没有工资，整个社区没有实际金钱利益的分配。

开源社区也与互联网行业秉承几乎完全相同的理念，比如开放、共享、对等和合作等，几乎同时兴起，彼此相互成就。互联网大厂也普遍与开源社区保持着密切的合作关系。大厂模糊了与开源社区的关系，大厂通常既是开源的最大贡献者，也是开源的最大受益者。

一方面，互联网企业经常会参与开源项目，提交代码和修复漏洞，从而增强其品牌形象和声誉。数字原生企业还通过赞助开源项目或向开源社区捐赠来支持和促进开源技术的发展。另一方面，互联网企业往往依赖开源技术来实现其业务目标。它们通过贡献代码或参与开源项目获取知识和技能，从开源社区中获得创新想法和灵感等，从而利用社区的一些想法开发新产品和服务，并且在市场上获得竞争优势。

分布式的自治组织

近年来兴起的Web3，尤其是分布式自治组织（DAO）和分布式自治企业（DAE）的概念，是在互联网企业和开源社区后，对数字原生企业形态的又一次最新探索。

分布式自主企业（DAE）是前面介绍的 DAO 的一种，也是一种典型的数字原生企业，或者可以称为下一代的数字原生企业。与互联网公司相比，DAE 从扁平组织结构，发展到了完全分布式；从鼓励创新目标导向的弱管理模式，走向了基于智能合约的任务导向的自治模式；从员工持有期权，发展到了所有利益方都可以"持股"的 Token 模式，客户即员工，员工即客户；互联网公司从即使不盈利也可以上市，发展到了"开业即上市"，有想法了但没产品就"上市"了。

传统责任有限公司与 DAO 的主要特点：（1）传统公司是具有中心点，存在科层结构的权力关系。而 DA 没有中心，分工网络中不存在层级性的权力结构，彼此之间只存在任务关系。（2）传统公司的各种规章制度，用自然语言书写在纸质文件上。DAO 的公司章程制度，是用计算机代码编写在区块链上的智能合约。（3）传统公司是利润驱动型的，优先考虑的是创造利润。DAO 是任务驱动型的，首要目标是解决问题或创造价值，利润只是创造价值的副产品。（4）传统公司是雇员制的，而 DAO 在准入上几乎没有壁垒，人人都可加入一个 DAO 或创建一个新 DAO。

DAO 也是一种新的社区组织形式，与前面介绍过的开源社区的主要特点相比：（1）开源社区会有董事会等中心，而 DAO 没有了中心。（2）开源社区的规章制度用自然语言书写在社区的官方网站上，而 DAO 的是区块链上的计算机代码。（3）开源社区依靠个人兴趣驱动，没有直接的激励机制，开源参与者依靠积攒个人声誉、影响力和人际关系等预期可以间接受益。DAO 采用 Token 机

制，完成任务后的可量化的直接激励方式。（4）在准入上，二者几乎没有区别。（见表9-2）

表9-2 不同组织形式的对比

项目	传统公司	互联网公司	开源社区	DAO
驱动力	利润驱动	利润驱动	兴趣驱动	兴趣驱动
管理方式	中心化管理	扁平化管理	扁平化＋自治	分布式自治
激励机制	货币激励	期权激励	为爱发电	代币化
运行规则	自然语言	自然语言	自然语言	智能合约
与员工关系	雇用制	雇用制＋外包	贡献者也是使用者	客户即员工员工即客户
上市条件	盈利才上市	亏损可上市	数字公共品	开业即上市

正如传统公司拥有许多生产性资产（如工厂），并生产传统经济的许多商品（如汽车）一样，DAO最终很可能拥有许多生产性资产，并在Web3生态系统中生产许多数字商品。

DAO的新项目资金通常不像传统公司那样，通过出售股权来筹集，而是通过向产品或服务的潜在用户或者相信未来代币价值会上涨的金融投资者出售代币来筹集。

通往原生之路

从互联网大厂、开源社区到DAO，可以看作是一种数字原生企业逐步演化和升级的过程。在这个过程中，数字原生企业逐渐转向去中心化、自治化和共享化，以实现更高效、更公平、更开放的协作和创新。（见图9-1）

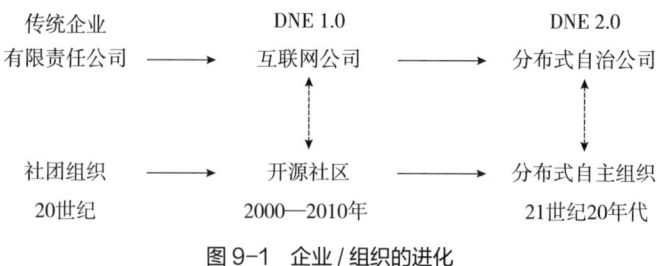

```
传统企业              DNE 1.0              DNE 2.0
有限责任公司  ──→    互联网公司   ──→    分布式自治公司
                        ↕                    ↕
社团组织      ──→    开源社区     ──→    分布式自主组织
20世纪               2000—2010年          21世纪20年代
```

图 9-1　企业/组织的进化

创建一家数字原生的企业需要具备先进的技术能力、敏捷的组织结构、数据驱动的思维、用户导向的精神和开放共享的理念，以便快速响应市场变化，提供优质的产品和服务，实现持续的增长和创新。Matt Watt 在 2020 年的一篇文章中，介绍了实现数字原生企业的五种方法：

- 心态优先。数字原生企业虽然也非常重视员工的技能，但更强调员工的心态。员工技能体现出的是当下的战斗力，而员工心态则显示了他们持续学习和自我提升的愿望和潜力。这种心态优先的策略，意味着数字原生公司在招募和考察他们的员工时，更关注其长期发展的潜力。

- 持续反馈和学习。年轻的数字原生代不怕失败，愿意小步快跑，快速迭代，反复试错。因此，成长型思维模式在反馈和学习中起着至关重要的作用，这也是为什么数字原生企业更重视员工的心态而不是技能。

- 创新的责任。在数字原生企业中，创新不是首席创新官或专门创新团队的责任。相反，创新的责任根植于每位员工的心态中，使数字原生企业能够完全致力于推动创新。传统企业的创新是常规运营中的少数和例外，数字原生企业的创新是常态化的持续改进。

- 全员客服。数字原生企业非常重视客户满意度，虽然会有内部分工，一些人会从事其他工作，但每个人都要参与客户服务，都要当临时的客户经理。数字原生企业非常关注批评者和支持者的意见，并且大量使用数字技术分析和了解客户，以进一步提高客户满意度。

- 互联网式的工作环境。数字原生公司精心设计互联工作空间，努力降低信息交换的阻力，以促进彼此的沟通和创新。

虽然传统企业也强调敏捷和以客户为中心，但内部的阻力经常甚至比外部的还大。而数字原生企业从一开始，就从企业文化、组织结构、业务流程和人员结构等方面，就是这样做的。同样地，数字原生企业从内部稳定性等考虑，经常也会是科层结构的，但会采用更加扁平化的组织结构，并且在流程中增加更多的敏捷性，做组织结构调整的频率也会高得多。

小　结

- 数字原生企业是把原生的概念延伸到了企业和组织层面，决策链是自外向内的，核心动力是算力，生产组织方式是"流水网"。

- 就像电力让动力不再重要，新一代数字技术让 IT 不再重要，将企业的核心竞争力从产品和数字技术转向客户体验。
- 数字原生企业包括互联网大厂、开源社区和 Web3 中的 DAO 三大类。
- 大厂的数字原生文化，以提升公司与客户之间的比特黏性（客户体验），压缩比特在内部的传播距离（结构扁平化），鼓励业务小步快跑、反复试错的持续创新（敏捷制造），以创造出更多的数字资产（平台、数据、算法和模型等）等为特点。
- 互联网思维是数字原生的一种思维方式。
- 开源社区是任务驱动的，而不是薪资驱动的。
- 分布式自治企业从鼓励创新的目标导向型的弱管理模式，转向了基于智能合约的任务导向型的自治模式。客户即员工，员工即客户。有想法没产品的"开业即上市"模式。

* * *

企业在市场上取得成功的重要基石之一是信任，包括客户信任、合作伙伴信任、员工信任和市场信任等。企业建立和维护信任需要采取一系列积极的行动，包括诚实守信、提供高品质的产品和服务、积极沟通、履行承诺并建立良好的商业关系。

数字原生企业需要配套的数字原生信任，即用科技创造信任。随着企业数字化转型的深化，信任关系也正从基于传统契约和权威机构的制度信任，转向数字原生的信任。

第十章
Chapter 10

数字原生信任

一个社会一旦丧失最基本的信任，就将很快变成一盘散沙。
——齐美尔（德国社会学家）

我们需要相信机器不仅仅是在执行我们给定的指令，而且还是按照我们的意图行事。
——艾伦·图灵（Alan Turing）

在数字时代，信任是创新和业务成功的基础，我们需要为用户提供可靠、安全和道德的数字解决方案。
——萨蒂亚·纳德拉（Satya Nadella）

阿里·埃斯拉·瓦尔德曼（Ari Ezra Waldman）在《隐私即信任》一书中，从法律的角度中阐述了在信息共享的背景下隐私不是与社会分离，而是基于信任的互动。当我们信任彼此的时候，就会共享信息。当彼此的信任遭到破坏时，会感到隐私受到侵犯。因此，隐私实际上是社会共享者之间、个人与网络中介之间以及在线和离线交互的人群之间基于信任的社交结构。

社会学家尼克拉斯·卢曼（Niklas Luhmann）把信任分为人际信任与制度信任。人际信任是指个体在人际互动过程中建立起来的对交往对象的言辞、承诺以及书面或口头陈述的可靠程度的一种概括化的期望。制度信任是以契约、法规、制度作为约束的信任，主导了现代社会运行的基本准则。

现在，信任正在走向第三个阶段——技术信任。技术信任把对他人或机构的信任转移到技术上来，相信通过把一系列的密码学、协议、软件和网络组合在一起，可以用科技来创造信任。（见图10-1）

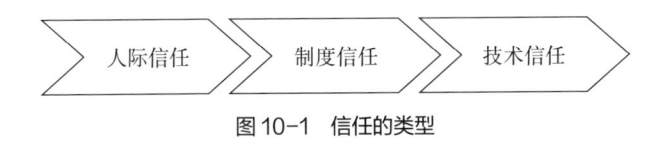

人际信任 → 制度信任 → 技术信任

图10-1 信任的类型

通信中的信任

远程通信不是面对面的，信息还要经过中间的网络，因此信任问题一直与通信技术的发展如影相随。从电报、电话、互联网到以区块链为代表的价值互联网等，建立通信信任的方式，基本走过了一条从主要靠外部社会力量（如自律、契约和公共权力），到主要靠内部技术原生力量的道路。

现代通信建立连接信任的技术基础主要是密码，密码学是现代通信的副产品。通信因为密码学的支撑而得以实现连接的信任，密码学也因为通信的庞大需求而逐步发展成熟。

正如信息学创始人克劳德·香农在1949年其经典文章《保密系统的通信原理》中所说的，"密码系统和有噪声的通信系统，没什么不同。"只不过二者的工作方式是相反的，前者是为了最大限度地增加通信中的噪声，后者是为了最大限度地减少通信中的噪声。

保密意识的建立

现代通信源于电报业，电报让世界逐渐适应了编码（Encoding）的概念：用以代表其他符号的符号，用以代表其他词语的词语。对信息编码的目的主要有两个：一是保密，二是压缩。

早期的电报用户已经意识到，电报的开放性会带来安全和隐私保护问题。但那个时代的电报资费高昂，编码的经济性考量是优先的，压缩信息超越了信息的保密性要求，这导致电报的报文越来越短，而电报码本越来越厚。编码后的电报需要解码用的码本，虽然

"电报体"编码也能起到加密的作用，但解码用的码本本身是在书店等公开售卖的。

密码学的独立

当电报从有线时代发展到无线时代，因为无线通信天然的全开放性，对电报的保密需求快速上升，编码在重要领域的经济需要逐步让位于保密需求，密码技术就逐步发展成为一门独立科学了，尤其是在后来计算机技术的辅助下，更是走向了成熟。

电话中的信任

到了电话时代，电话网络的基本设计思想是"智能网络傻终端"，即几乎全部的控制权都在网络运营商手里，比如能否接通、路由选择和主叫号码显示等。电话终端用户能做的事情很少，也就对通话信任的破坏性不大。在电话网络提供的基本信任之外，用户通话时的身份确认，还可以通过口音和实时交互信息等来做二次确认。

电话网络自身的信任，也是一个发展的过程。比如，美国一名专门承办丧葬的生意人阿尔蒙·B.斯特罗杰发现，电话局有一位话务员是他竞争对手的妻子，不知是有意还是无意，她常把他的生意电话接到自家老公那里，使他的多笔生意因此丢掉。为此，他在1891年发明了一种不需要话务员接线的自动接线设备，这就是自动电话交换机。"既然你窃听我的生意，我就搞发明让你下岗"，他是真正的狠角色。

互联网中的信任

到了互联网时代,互联网的基本设计思路与电话网来了个180度反转,采用了"智能终端傻网络"的架构,把控制权尽可能多地交给网络边缘的用户。这种架构的设计思想,在网络运营商和用户之间重新分配了控制权,把网络的控制权释放给了网络边缘的计算机等终端,让后来互联网服务侧的网站和消费侧的智能手机厂家快速崛起,全球网络运营商地位明显下降。

在互联网承载网络的设计中,引入了分布式架构和动态路由等概念,公开的理由是为了抗"核打击",提高对动态选路的可靠性和信任度,从架构层面系统提高了整个网络的可靠性。但事实上,早期的互联网本身就很不可靠,即使没有核打击,也会因为技术故障三天两头断网,或者关键路由节点被某个大学生不小心给关闭了。

教科书常说,互联网源于军事和教育科研。根据这一说法的推论,就是早期互联网是一个相对封闭的工作环境,一个高素质的用户环境,依靠彼此信任和高度自律,基本就可以管理好网络了。

但今天的互联网是全球性的,工作在完全开放的复杂环境中,即使截至2022年12月全球已经有49.5亿用户了,互联网也缺乏像电话用户那样依靠熟人口音和实时交互信息的二次确认机制,这已经不是保持自律和彼此信任的问题了,而是很可能会互相伤害了。

互联网的商用化让依靠外部力量和管理等保证安全和赢得信任已经不可能了。在互联网上从事电子商务等经济活动时,需要给互联网最低限度地打上安全和信任补丁,这些补丁的基础性技术也是密码学。当然,建立信任相应的法律法规和治理也是必不可少的。

信任危机

从军事教育科研到商业化，互联网爆发的第一波信任危机大约是在 1994 年，也就是在互联网商用后的最初几年里。IPv4 地址耗尽、路由爆炸、垃圾邮件、安全漏洞、通信保密、流量攻击和质量保证等，这些问题每一个都有可能让互联网的商用化停滞不前。但在这么多年里，互联网都依靠打各种补丁和吃各种补药挺了过来，虽不那么令人满意，但还可以负重前进。

传统电话网从设计之初就是要面向公众的，因此安全是事先规划设计上去的。而互联网的安全是补丁式的，除了设计之初没有面向公众服务的计划外，还有一个重要原因是设计主力来自计算机行业，尤其都是些熟悉操作系统的专家，缺乏基本的安全意识和技能。当时计算机是高校、研究机构和企业私有的和单机使用的，计算机安全主要指外部物理的防火防盗而不是信息安全，互联网被设计成了一个大号版的计算机操作系统，这也是后来"网络就是计算机"宣传口号的技术基础。

信任的补丁

负责互联网基础设施国际标准组织叫 IETF，发布的标准等文件叫 RFC。以 10 年为单位，我简单统计了过去 50 多年里，在其 9 000 多个 RFC 的标题里出现"Security"的次数。结果发现，在前 20 年只出现过一次，而大规模打安全补丁的高潮有两次。

第一次信任危机是在 20 世纪 90 年代，互联网开始商用，PC 由个人专用的封闭环境连接上了互联网之后，走向了开放环境的使用带来的。第二次信任危机是在 21 世纪头 10 年，那时智能手机开始普及，从 PC 互联网走向移动互联网，App 的广泛使用带来了个人信息的滥采滥用。（见图 10-2）

Security@RFC

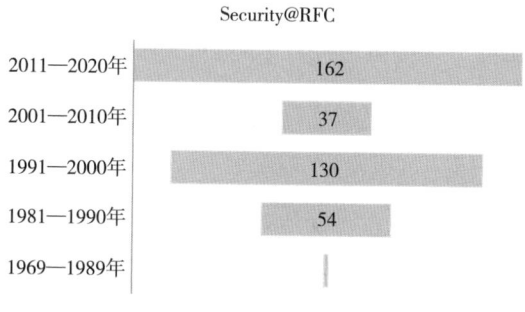

年份	频次
2011—2020年	162
2001—2010年	37
1991—2000年	130
1981—1990年	54
1969—1989年	

图 10-2 Security 在 RFC 中出现的频次

电信诈骗

通信中的信任问题只关注如何将信息安全可靠地传递给对方，比如，通信双方的身份确认，传递中的信息保密和防篡改等，不涉及所传递信息内容本身的含义是否可信的问题，不涉及所传信息内容本身的真伪问题。其实信息学创始人克劳德·香农早就明确了，比特的定义去除了语义，只代表信息量的多少。

电信诈骗就是用值得信任的电信网络，忠诚地传递诈骗分子伪造的虚假内容。大众容易混淆对通信基础设施的信任与对通信内容的信任，而通信网络本身是没有能力对通信内容的真实性负责的。

近年来，这种故意混淆承载信任与内容真实性的勾当，在区块链和 Web3 的世界里重演。区块链保证了数据在链上的时段是无法被篡改的，尤其是可以相信从出生就一直在链上的那些原生数据没有被动过手脚，但不能保证上链前一些数据就已经是伪造的了，更无法判断这些数据是否有价值。诈骗的前提是信任——你不信我，我怎么骗你创造信任的机器，很容易成为诈骗的工具？

让科技值得信任

网景公司联合创始人和"硅谷预言家"马克·安德森在2022年6月的一次采访中谈道："互联网天然不具有信任属性"。在互联网上进行电商、约车和支付等经济活动时，需要一个信任锚点。这个信任之锚可能是来自线下权威机构的背书，也可能是科技公司自身在线上已经"大到可以信"了。无论哪种选择，都需要相信中心化的权威，信任源自权威机构而不是技术本身。

随着数字经济与实体经济的深度融合，数字化转型的加深，金融数字化、数据资产化和要素化，金融数字化和数字金融化（比如比特币）等，互联网的碎片化补丁、外挂式安全、"孤岛"式信任和中心化权威的机制越来越步履蹒跚，日益需要一种系统化和通用化的公共信任服务。

信任科技

信任科技是综合应用密码学、数字身份、隐私增强、共识算法、授权监测等技术，结合博弈论和管理等手段，为互联网上的经济活动提供一揽子的数字化信任解决方案。

信任科技用代码和算法，把信任嵌入各种数字经济的活动中去，优化甚至取代外挂式和中心化的信任机构，以更好地提升创建信任的效率和降低成本。需要强调的是，信任科技不是安全科技，信任机制不是安全机制。

- 安全科技是关于当下问题的；信任科技是关于未来梦想的。
- 安全科技面对的是对手；信任科技面对的是队友，特别是队友中藏有的"猪队友"，披着队友外衣的对手。
- 安全科技是因为对抗；信任科技是为了合作，为了更深度地合作。
- 安全科技面对潜在危机和风险时，优先选择的是防御，认为"人之初，性本恶"；信任科技面对潜在危机和风险时，首先想到的不是防御，而是依然保持正面期待，相信"人之初，性本善"，相信大多数。
- 安全科技的指导思想是战争论；信任科技的基本理论是博弈论、经济上的竞合问题。
- 安全科技是关于如何更好地守住秘密、守护数字财富。而信任科技是关于如何更好地交流信息，如何更好地交换价值，如何更好地服务于经济发展的。

当然，只有认为已经有基本的安全保障了，接下来才会谈继续向前走的信任问题。一切在没有基本安全保障的情况下谈信任，就是要流氓。根据信任度的变化，队友、"猪队友"和对手是可以转换的。当队友变成对手时，信任问题就变成了安全问题。

对信任科技的理解可以有两个方面：一是让科技值得信任，二是用科技创造信任。"让科技值得信任"是"用科技创造信任"的基础和前提，相信了科技本身，才可能进一步相信科技创造出来的信任。可信云、可信区块链、算法治理和可信 AI 等，都是为了"让科技更可信"。零信任、区块链和隐私计算等，都是为了"用科技创造信任"。（见表 10-1）

表 10-1　安全科技与信任科技

安全科技	信任科技
关于当下的	关于梦想的
关于对手的	关于（坑）队友的
关于对抗的	关于合作的
人之初，性本恶	人之初，性本善
防御心态	探索心态
是战争论	是博弈论
是守护秘密	是交流信息
是守护财富	是畅通价值

用科技创造信任

用科技创造信任，为互联网内置信任机制，让信任可编程，区块链技术是一个里程碑。2015 年，英国《经济学人》杂志以封面形式刊登了一篇《信任机器：比特币背后的技术如何改变世界》，提出"区块链这个技术创新所承载的意义延伸，远远超出了加密货币本身，区块链让人们能够在互不信任、没有中立中央机构背书的情况下进行互相合作"。

区块链号称"创造信任的机器"，在链上可以让数据做到"可见不可用"。"可见"指数据所包含的信息可见，是为了彼此监督、协同对账和防止篡改。"不可用"指数据所包含的价值不可用，是为了防止对价值数据的"双花"，让价值 MOVE（流动）而不是 COPY（复制）。

顺便说下，在宇宙层级上也存在"可见不可用"的现象。自宇宙大爆炸 138 亿年以来，光线可以到达我们身边的一部分空间，这些区域被称为"我们的可观测宇宙"，技术上对我们已经可见了，但还根本无法可达，更别提可用了。因为光速的限制，即使宇宙空间是无限的，我们的宇宙也是有限的。另外，宇宙中还有 98% 的物质是"能看不能摸"的，因为即使我们光速前进，也永远赶不上它们。

信任需要用历史上的可靠性来背书。在科技创造信任的过程中，也需要有交易历史的可靠存证，需要每个参与节点具有最基本的社会学习经历，成为一个社群成员之间知根知底的数字化系统，这就是区块链已经实现的数据"历史可靠"。

近几年，业界逐渐意识到，数字经济单靠区块链一种信任机器是不够的。比如，区块链解决了交易的信任，而不是交易者的信用，也不是资产的信用等。一个区块链只能为自己原生的数据做信任背书，甚至都不能相信从其他区块链上传来的数据，除非额外安排专门的技术或管理机制做信任保证。

用科技创造信任，不仅需要持续打磨和延展区块链这台"信任机器之父"，还需要生产制造出更多品类的"非区块链"方式的信任机器，比如隐私计算和零信任技术等。

区块链是为了预防记账过程中的不诚实行为，是信息可见但价值不可用。隐私计算是为了预防数据流通后，对方在利用价值时泄露了隐私信息，是价值可用但信息不可见。零信任是虽然已经通过身份认证进来了，但为了预防"披着羊皮的狼"，还需要时刻都盯着羊群中是否有异常行为并及时处理。（见表10-2）

表10-2 三种典型的信任技术

类别	零信任	区块链	隐私计算
层级	基础设施	数据要素	数据要素
对象	防范来人	保护价值	保护隐私
环节	访问控制	记账	流通
措施	持续监测 动态授权	价值可见 信息不可用	信息不可见 价值可用

当然，数字原生信任机制的建立，不仅需要已有信任科技的持续发展和完善，可能还需要继续创造出新的类型，更需要数字原生的数字信任规则和制度的创建。

零信任与"负信任"

前面已经提到的"零信任"，是零信任安全模型、零信任网络架构或零信任网络访问的简称。零信任描述的是一种设计和实施网络安全系统的方法，其核心理念是"从不信任，永远验证"。

传统安全是基于企业防火墙的边界防御，只要通过了物理边界上的身份认证，进入了网络内部，就是值得信任的了，就撒手不管了。某人一旦进入内部网络，就成了"隔壁老王"，成了"睡在上铺的兄弟",就可以在内部四处溜达和横向访问,甚至泄露他们权限之外的任何数据。

零信任与传统安全的最大区别,是没有了安全边界的概念。安全边界是建立在企业管理边界的基础上的。但近年来,尤其是新冠疫情以来,企业远程办公大幅上升,员工移动办公经常是自带办公设备(BYOD)的,基础设施更多地租用各种云平台等,这些都进一步模糊了企业边界和位置属性,扩大了企业网络安全的受攻击面。

零信任不再把主要精力放在对安全边界的守护上,而是放在盯人上。不再重点区分好人还是坏人,而是简单粗暴地直接否定了对所有人的信任。在"从不信任,永远验证"理念的指导下,零信任基本的做法有:(见表10-3)

表10-3 传统防火墙与零信任

类别	传统安全	零信任
信任模式	以防火墙为中心	以身份为中心
信任范围	位置决定信任,相信内部的	身份决定信任,与所处位置无关
流量模型	南北流量	东西流量
授权方式	固定策略	动态策略

- 在初始化时,系统会默认一切参与因素(如人、软件和设备)都不值得信任,不为任何参与因素预置任何信任条件,其所处位置无法决定信任关系。
- 在启动运行时,对通过双方认证的因素采取最小权限原则,资源按需分配,仅授予各行为所需的最小权限。
- 在常规运行阶段,采用动态访问控制和授权,通过对多源信息进行分析获得授权策略，实时计算授权策略，以预防进来的访客秒变对手的问题。

根据我们的一项调查，46%的企业把远程访问作为实施零信任的主要驱动力，包括远程分支机构的接入、员工远程办公、远程做运行维护，以及第三方外包接入等。

零信任的起点是"零"，因为零信任有个基本的前提条件，就是假设参与信任游戏的对象都是人类，没有机器、算法和AI等混迹其中。否则，在启动零信任之前还要做个"负信任"的验证工作，以发现和识别出人类中的"非我族类"，这就是日常上网时用到的验证码。

如果说从人开始判定信任度是信任的"零"基准，那么验证码就位于这个"零基准"之下，做的是最初级的工作，先把人与机器区别开的信任的"负基准"。

验证码是一种反向图灵测试，用于识别和判定，本次上网的是人还是机器。每天输入验证码，实际上是在向机器表明心迹，"我是人，我不是个东西"，至少可以达到"零信任"的程度。但现在的验证码，即使是人也变得越来越难以识别了，这是因为人工智能技术近年来的飞速进步，带来了对验证码攻击能力的"进步"。据报告，通过人力外包识别100万个验证码，2010年时的报价就只要1 000美元了。近年来，机器学习的进步，更是让算法识别秒杀了大多数的验证码。

AI应用的目标是努力通过图灵测试，验证码应用的目标是设法

阻止通过图灵测试，因此，验证码是衡量 AI 技术进步程度的最简单工具。100 多年前，能识文断字就算是个文化人。10 多年前，能够对验证码识文断字也算是个人，而不是个"东西"。到了 21 世纪 20 年代，即使能够识别出验证码，也已经无法证明到底是不是个"人"了。

于是，近年来很多身份验证系统增加了短信验证、活体检测和滑动验证码等。滑动验证码利用了人类看到图形缺陷时的强迫症心理和体验交互式游戏的快感，也看拼图的过程而不只是看拼图的结果。

隐私计算的可用不可见

大数据在解决了数据"大"的问题后，如果成为正义的化身，就是数据资产化。如果倒向邪恶的一方，就是数据安全威胁和个人隐私泛滥。在通过立法和治理等保护好数据安全和个人信息的前提下，要发挥市场在数据要素配置中的决定性作用，在这两个看似矛盾的因素作用下，数据流通出现了以下三种状态。

一是固态数据。对如何保护数据安全不知所措，干脆选择躺平，让数据资源睡大觉，固化成了一个个数据"孤岛"。

二是气态数据。对保护数据安全置若罔闻，为牟利野蛮掘金，数据的开采、利用和交流毫无规矩可言。

三是液态数据。探索在保护数据本身不外泄的前提下，实现数据的有序健康流动和利用。隐私计算技术就属于这类。

第十章 数字原生信任

隐私计算指在保证数据提供方不泄露原始数据的前提下，对数据进行分析计算的一系列信息技术，保障数据在流通与融合过程中的"可用不可见"。

自20世纪70年代以来，隐私计算融合了密码学、人工智能、计算机硬件等众多学科，逐渐形成以多方安全计算、联邦学习、可信执行环境为代表，混淆电路、秘密分享、不经意传输等作为底层密码学技术，同态加密、零知识证明、差分隐私等作为辅助技术的相对成熟的技术体系，为数据安全合规流通提供了技术保障。

隐私计算针对的是数据资产的流通环节，是根据对交易方的信任度来决定采用何种隐私保护的强度。为此，隐私计算相比直接计算需要付出的代价，是要耗费更多的计算资源，使用更复杂的算法和协议，消耗更多的网络带宽资源等。

从技术实现原理上看，隐私计算主要分为密码学和可信硬件两大领域。密码学技术目前以多方安全计算为代表，可信硬件领域则主要指可信执行环境。此外，还有基于以上两种技术路径衍生出的联邦学习等相关应用技术。

这三大类技术各有其优缺点，适用的场景也不同。多方安全计算技术不依赖硬件且具备较高的安全性，但是仅支持一些相对简单的运算逻辑。可信执行环境技术具备更好的性能和算法适用性，但是对硬件有一定依赖。联邦学习技术则可以解决复杂的算法建模问题，但是性能存在一定的瓶颈。

密码学的传统应用是为了防止系统外敌人的；而隐私计算虽然也是基于密码学的应用，却是为了防止内部人的隐私危害行为，这

也是隐私计算属于信任科技的原因。在密码学的传统应用中，基本假设是通信时的发端和收端值得信任，只是要通过加密技术保护密码和信息完整性，以防止外部世界的恶意窃听和篡改等。但隐私计算作为密码学应用的一个分支，却反过来用了，认为数据的收端也不能全信，对方拿到数据后，有可能做出危害发端用户个人隐私的行为。

自 2018 年开始，国内隐私计算进入快速启动期。初创企业、互联网企业、大数据企业、区块链企业、运营商、银行纷纷入局隐私计算领域。国内外很多大厂和创业团队都在积极地拥抱开源。在联合风控、联合营销、智能医疗、智能政务等热点领域，以及智慧能源、智慧城市、工业互联网等都有探索性应用。

从商业模式上看，隐私计算厂商的收入主要有两个部分：一是提供技术应用的系统平台或解决方案，提供平台部署、调试、运维和定制化服务等；二是基于隐私计算平台上的数据流通活动产生利润分成，与数据流通平台的运营者共享收益。

根据我国的《中华人民共和国个人信息保护法》、欧盟 GDPR 和 ISO/IEC19441 等，根据可识别性，个人信息分为已识别、可识别、假名化和匿名化等。其中已识别、可识别和假名化受法律法规的保护，而匿名化的数据已经不属于个人信息了。

对处理个人信息而言，目前我国个人信息处理的合规路径主要是匿名化和授权同意。对于匿名化而言，隐私计算由于可以控制原始数据不出本地，只输出切片、标签化、脱密后的梯度和参数等信息，从而成为满足匿名化"不可识别、不可复原"方案的重要一环，同时也因此与"最小必要原则"相一致。对授权同意而言，如果对输入模型的数据进行脱敏、加密处理满足了匿名化要求，此后联合建模的其他参与方也可能减轻获得用户重复授权带来的负担。

对非个人数据而言，隐私计算原始数据不出域、只传递梯度等数据的特质，也有助于满足《中华人民共和国数据安全法》和《中华人民共和国网络安全法》等要求的安全保护义务。同时，也有助于控制数据泄露的风险，进而减轻数据主体的顾虑，充分挖掘数据的流通价值。

还有一类隐私保护技术叫合成数据（尤其是 AIGC），经常不被纳入隐私计算中。合成数据通过计算机模拟或算法所生成的带有注释的信息，可以用于代替真实数据。换言之，合成数据是在数字世界中创建的数据，而不是从现实世界中采集或测量的数据，也可以在有效保护用户隐私的同时服务于 AI 训练等场景。随着 AIGC 技术的进步，合成数据越来越多的是 AI 生产的了。

因此，可以认为在数据流通交易中，目前保护数据安全和隐私的方式大致有两类：一是以隐私计算为代表的"加密流派"；二是以 AI 合成数据为代表的"替身流派"。（见表 10-4）

表 10-4　隐私保护的技术流派

类别	AIGC	隐私计算
生产方式	用 AI 合成数据	采集的真实数据
保护方式	用脱敏数据当数据替身	对真实数据做加密
数据属性	可调整参数，控制数据属性	需对原始数据进行预处理和调整
适用场景	数据量较大，难以共享交换，需要隐私保护	需要共享和交换数据的真实计算

隐私工程：DevPriOps

20 世纪 60 年代的软件危机催生了软件工程。2010 年前后学术味很浓的深度学习，也在 21 世纪 20 年代后逐步走向了工程化。现在，工程化思维也已经被引入数据安全保护领域，来应对这场大数据带来的隐私危机。

早期的计算机，企业专用、封闭、昂贵和数量稀少，软件多由计算机厂家开发并专用，那时的计算机安全问题主要来自外部环境，防火、防盗、防震、防尘。

到了个人计算机时代，家用计算机数量和软件数量一起猛增，软件开发者来源平民化和多样化，计算机安全的焦点从物理的转向了信息的，主要是两大类：一类是从软件开发商看，盗版猖獗，软件资产无法得到有效保护；二类是从普通用户看，恶意软件和垃圾邮件等威胁计算机系统和数据安全。

到了 PC 接入互联网后，原来设计用于封闭和专用环境的计算机和软件，忽然在互联网上开放了，大门敞开了，安全威胁主要来自外部的互联网连接了。尤其是在 20 世纪 90 年代末到 21 世纪初互联网商用初期，计算机安全和信任问题被直接引爆。

即便如此，世纪之初人们的关注点还是被吸引到互联网带来的创新性、便利性和安全性了，几乎没人关心个人隐私的议题，甚至主流的宣传说"互联网是免费的"。免费，是推广和病毒式传播的核武器，是网络效应达到临界用户规模的终极大杀器，也就成了互联网行业的经典打法了。

早期用户端的浏览器是无状态的，不保存用户的信息。后来出现的 Cookie，也只是为了方便用户保存用户名和密码等，免除用户重复输入的麻烦，而不像现在劣化成了做广告推荐等。

到了移动互联网时代，智能手机和 App 具备了强大的个人数据（如身份信息、位置信息、社会关系和行为习惯等）采集能力，大数据具备了低成本分析处理海量个人数据的能力，人工智能能够快速识别处理人脸等个人信息，隐私危机大爆发。

现在很多 App、办公场所和闸机等，将人脸识别作为身份验证的一种重要手段，可能存在安全悖论。因为任何身份验证系统，都需要保留特殊的秘密（you know，即你懂得的）或持有特殊的物品（you have，即你拥有的）来证明自己的身份。比如在传统加密通信中，既保护算法也保护密钥。现代对称密码学应用中，公开了算法但必须保护好密钥。在非对称密码学应用中，公开算法和公开公钥，但必须保护好对应的私钥。而在人脸识别中，算法是公开的，而人脸无论是充当公钥、私钥还是特殊持有物，似乎都不恰当。对应到个人信息保护，脸部信息泄露属于"老丢脸"了，脸部信息滥用属于大数据杀熟中的"丢老脸"了。

未来在元宇宙的世界里，VR 头盔、脑机接口技术等新带来的隐私问题，会比智能手机高出一个数量级，将对个人信息的采集扩展到生物特征层面，如运动、行为、情绪和眼动等。

天下没有免费的午餐。为应对隐私危机，一方面各国政府纷纷制定相关的法律法规和政策，另一方面发明了隐私计算和隐私增强技术等。前者提出需求，后者落地实施。

但这是法律与技术交叉的新领域，还缺乏适当的可重复使用的工具和最佳实践，构建隐私友好型应用程序和服务还相当困难，需要工程化的方法论指引隐私保护工作。于是，提供可用于降低隐私风险和满足合规性的工程化指导的方法论，"隐私工程"兴起了。

隐私工程指将隐私保护的法律法规，以及"用户导向"的基本原则引入系统设计、开发和使用的各个环节，将隐私保护"左移"，从需求设计阶段就考虑到如何解决隐私保护问题，并且在用户界面上提供醒目、易懂的隐私条款提示。

本书仿照将安全左移和工程化、嵌入研发运营一体化（DevOps）时被称作DevSecOps的做法，把隐私工程称为DevPriOps，即将隐私保护嵌入软件研发的这个流程中去。

隐私工程涉及组织架构、流程管理、数据治理、安全工程、软件工程甚至道德工程等，一般会采用隐私计算和隐私增强等技术来实现匿名化和去标识等。

当然，还需要做隐私影响评估等。技术人员在将法律规范落地为具体的技术实现时，需要权威机构根据技术和隐私实践的现状，进行合规性和隐私等级等评判和解释。

信任的异化

2016年，牛津词典把"后真相（post-truth）"评选为年度词汇，指那些"客观事实在形成舆论方面影响较小，而诉诸情感和个人信仰会产生更大影响"的情形。

以前是基于事实和真相的情感表达和价值讨论，现在则是连事实和真相是什么都不重要了。美国总统大选、英国脱欧和一些社会事件的反转再发展，相信让每个人都对"后真相"感同身受。

1985年，尼尔·波兹曼在《娱乐至死》中指出电视时代的智力退化现象，30年后在互联网时代出现了超级加强版。信任是信息交流的基础，是商品交易的起点。后真相让传统信任体系被异化，大众信任不应该信任的，不信任应该信任的。

在利益面前，信任系统也是个悖论。受信任意味着需要信任一个系统来为我的利益行事，但它可以随意或非自愿地选择违背我的利益。受信任意味着无法验证该系统是否符合您的利益，因此需要信任它。推论就是，如果可以验证一个系统为我的利益运行，那么它就不需要我的信任。如果已经证明它违背了我的利益，我也就不会使用它。

社会的问题就是技术的机会，"后真相"带来了广义"零信任"技术。虽然"零信任"一词是在网络基础设施领域首先出现的，但其"从不信任，永远验证"的基本理念，早已在隐私保护、资产入账、身份控制、内容管理和源代码等领域，或多或少地体现出来了。（见表10-5）

人类从农业社会迈向工业社会时，信任体系从熟人之间的个人信任模式，进阶到了陌生人之间的制度信任模式，建立起了工业文明。现在，人类正从工业社会迈入数字社会，信任体系也正在悄然发生变化，从制度主导模式转型为数字化的科技主导模式。数字原生的信任体系还处于萌芽阶段，数字原生的文明体系还远没到来。

表 10-5　多层次信任科技

类别	信任挑战	信任对策
资产	篡改账本	区块链 / NFT
隐私	滥采、滥用、泄露	加密 / 隐私计算
内容	生产式 AI，深度伪造	深度鉴伪
算法	大数据杀熟、歧视、信息茧房	算法伦理 / 治理
开源	质量、漏洞、出口管制、供应链	开源治理
身份	区别机器与人，身份的集中控制	验证码，分布式身份
基础设施	安全边界的模糊	零信任

小　结

- 技术信任把对他人或机构的信任转移到技术上来，比如，密码学、协议、软件和网络等一起，用科技来创造信任。

- 从电报、电话、互联网到以区块链为代表的价值互联网等，建立通信信任的方式，基本走过了一条从主要靠外部社会力量到主要靠内部技术原生力量的道路。

- 密码系统和通信系统的基本原理相同，只不过前者要最大限度地增加通信中的噪声，而后者要最大限度地减少通信中的噪声。现代通信建立连接信任的技术基础主要是密码，密码学是现代通信的副产品。

- 信息编码的目的主要有两个，一是保密，二是压缩。

- 电信诈骗就是用值得信任的电信网络，忠诚地传递诈骗分子伪造的虚假内容。

- 互联网是碎片化补丁、外挂式安全、"孤岛"式信任和中心化权威机制。
- 信任科技一是让科技值得信任，二是用科技创造信任。
- 安全科技是关于对手的，信任科技是关于队友的。
- 区块链是"可见不可用"，隐私计算是"可用不可见"。
- 零信任不再把主要精力放在对边界的守护上，而是放在盯人上。
- AI 的目标是通过图灵测试，验证码的目标是不能通过图灵测试。
- 密码学的传统应用是为了防止系统外敌人的，而隐私计算也是密码学的一个应用分支，却是用来防内部人的。
- 保护数据安全和隐私有两大流派，一是以隐私计算为代表的加密法；二是以 AI 合成数据为代表的替身法。
- PC 互联网时代认为网络是匿名的，移动互联网时代开始讨论隐私保护，到元宇宙时代会出现更多生物属性的隐私数据。
- 以前，是基于事实和真相的情感表达和价值讨论，后真相时代则是连事实和真相是什么都不重要了。

* * *

信任是经济活动中的核心要素之一，对于商业交易、投资决策和经济系统的有效运行至关重要。数字原生的信任是数字原生经济的支撑，数字原生的经济依赖高效的原生信任。

第十一章

Chapter 11

数字原生经济

数字经济颠覆了传统经济理论的许多假设,我们需要重新思考和重新定义经济的规则和框架。

——彼得·戴曼迪斯(Peter Diamandis)

传统经济学理论在数字经济中,就像是用电子计算器解决量子物理问题,就像是用塑料勺子捕捉云彩,就像是迷路的旅行者使用地图上的纸质指南针。

——ChatGPT

在数字经济中,思想是最重要的资产,创新是最重要的驱动力。

——埃里克·斯奎茨(Erik Brynjolfsson)
和安德鲁·麦菲(Andrew McAfee)

从 21 世纪初进入数字时代以来，全球企业对品牌、设计、软件、专利、技术和数据等无形资产的投入，远超了机器、硬件、厂房和其他固定资产的投入，人类逐步迈入了以数字经济为核心的无形经济社会。过去的二十多年是一个物质资源形成的财富价值和重要性稳步下降，思想和科技的力量超越了实物和蛮力的数字经济时代。

相比之下，传统经济学的研究范畴主要集中在实物经济领域，其供需关系、稀缺性、成本效益分析、市场竞争等一些理论和方法，并不能很好地解释数字经济中的生产、流通和消费过程。

人是经济发展的主体，经济活动的主要参与者。二十多年后的今天，当数字原生代已经长大，成为整个经济活动的中坚力量时，成为数字经济的主导生产者和消费群体时，整个经济发展和消费的主导力量就从数字移民手中逐步让渡给数字原生代了，而对应的数字经济形态也正在从"传统经济的数字化转型"进阶到"数字原生的经济"新形态。

数字原生的经济呼唤数字原生的经济学理论，而不仅是对传统经济理论和方法的小修小补式的"数字化转型"。

数字化治理

数字经济是以数字化的知识和信息作为关键生产要素，以数字技术为核心驱动力量，以现代信息网络为重要载体，通过数字技术与实体经济深度融合，不断提高经济社会的数字化、网络化、智能化水平，加速重构经济发展与治理模式的新型经济形态。根据中国信通院的报告，数字经济主要包括以下四个方面：

- 数字产业化，即信息通信产业，包括电子信息制造业、电信业、软件和信息技术服务业、互联网行业等，以及更细分的如算力、AI、Web3 和元宇宙等；
- 产业数字化，即传统产业应用数字技术所带来的产出增加和效率提升部分，包括但不限于工业互联网、两化融合、智能制造、车联网、平台经济等融合型新产业、新模式、新业态；
- 数据价值化，包括但不限于数字采集、数据标准、数据确权、数据标注、数据定价、数据交易、数据流转、数据保护等；
- 数字化治理，包括但不限于多元治理，以"数字技术＋治理"为典型特征的技管融合，以及数字化公共服务等。

数字产业化和产业数字化，属于生产力的范畴。数字化转型，既包括数字产业化也包括产业数字化，但更多是指后者，即传统行业的数字化转型。数据价值化是让数据成为新的生产要素，属于生产资料的范畴，也是本书重点涉及的话题。

本章主要探讨数字化治理，这部分更多属于数字生产关系的范畴。历史上每发生一次技术革命，紧接着通常都会发生一次思想革命，诞生新学说、新思想和新治理理论，对正在发生的和即将发生的变化做出令人信服的解释和预判，从而可以指导全社区在新技术革命条件下，如何更好地促发展、保安全和优化治理等，形成更加适合生产力的新型生产关系。

虽然数字技术已经渗透到了社会的方方面面，但数字治理相关的新思想和新理论，包括数字经济学，还处于发散的初级阶段。理工学科是来建设世界的，人文学科是用来解释世界的。对传统世界的解释已经很多（如果不是太多），但对数字世界的运行规律没有出现令人信服的系统性解释。

结果就是，当现有理论无法有效解释经济和社会运行的规律或现象时，最常见的做法就是简单粗暴的"甩锅"，把责任甩给新生产力。

总是技术来背锅

自人类进入工业时代以来，每当出现重大社会危机，无论是经济危机、金融危机、失业潮和道德危机，经济学家和社会学家往往都会把锅直接甩给科技。

比如，18世纪末到19世纪初，工业革命引发了一系列社会问题，如城市化、工厂劳动、环境污染等，这些问题被一些人归咎于机器和技术的发展。20世纪80年代，尼尔·波兹曼将"智力倒退"

归结于电视的兴起，现在则很多时候将虚假信息、谣言、失业和贫富差距等社会问题，几乎都归咎于互联网和社交媒体。

比如，2019年12月《卫报》的文章说，科技巨头将把我们拖入下一场金融崩溃。一些金融高官公开表示，互联网金融的乱象是因为科技的发展，没有尊重和敬畏金融的发展规律。2018年12月，美国前财长指出，股票市场的波动应归咎于算法带来的高频交易等影响。2018年11月高盛公司的研报认为，"近期油价大起大落是算法交易引发的。"

2008年全球性金融危机爆发后，美联储前主席艾伦·格林斯潘在美国众议院政府改革与监督委员会举行的听证会上作证时表示，"这是一场人为的灾难，计算机技术未能提供足够的数据是造成这次危机的主要原因之一。"因为输入风险管理系统的数据都是过去20年的数据，数据不充分是这次金融危机爆发的原因之一。

一些研究将1929—1933年的那场经济危机归咎于电话的普及。电话让股票交易的参与人数、交易频率和涉及范围都大幅上升了，放大了金融风险。

从第一次工业革命到现在，技术更新换代在加速，而普通人的知识更新是生物现象，甚至连线性增长都做不到。现代人并不比古人更智慧，只是比他们拥有更多的知识，甚至可能只是被填充了各种虚虚实实的信息，并且这些知识和信息还因为不断细化的社会分工，被割裂成了无数"孤岛"。

AI还没有自我意识，因此决策和解释这个世界的还是生物的人。虽然新技术的长期发展不会以个人或团体的意志为转移，但人的决策和解释会对技术造成短期影响。拥有对新技术决策权和解释权的群体，往往是那些熟悉和了解古老技术的人。这也是为什么，重大新技术的应用和普及，往往需要一代人的根本原因。将人的责任"甩锅"给技术，总结起来大致有四点原因。

1）技术带来经济周期。每轮经济大繁荣，本质上是在享受重大技术突破带来的红利。但一项技术的红利早晚会耗尽，如果没有更新的重大技术突破续命，经济繁荣就会停滞，音乐结束危机开始。技术创造繁荣，技术造成停滞，荣耀和背锅是一体的。

2）技术拉大贫富差距。新技术提高了生产效率，会为全社会带来新的增长红利，但红利的分布会非常不均匀。有些人会早享受到，有些人会晚享受到。一些老技术的受益人可能会成为受害者，有些人从平民崛起成为巨富，也有些人会失业。有些行业或萎缩甚至消失，有些企业快速崛起垄断市场。每轮技术革命都会重塑经济结构，都会带来技术鸿沟，都会拉大贫富差距。

3）监管和治理滞后。技术不仅会拉大社会贫富差距，也会放大社会管理的风险，造成大量新的灰色地带，各行业都在转型升级，产业生态链在重构，犯罪和失业等社会问题突出。有些个人、组织、地区甚至国家，会被技术革命的大浪所淘汰。与此同时，法律法规和监管必然会是滞后的。

4）技术不会说话。技术还没有自我意识，不会替自己辩解。"它不背锅谁背锅？"背着锅，短期内多少会影响些技术的发展，但从中长期看，背锅就像打疫苗或做健身活动，会让技术能够更加健康有序地向前发展。

数字公共品

数字经济与传统经济的一个重要差异是,在数字市场上广泛存在着数字公共品,而在传统经济的市场上,公共品总是相对稀缺的。在数字世界中,公共品的市场供给并没有失灵。

经济社会生产的产品大致可以分为两类,一类是私人物品,另一类是公共物品。私人物品是只能供个人享用的物品,例如食品、住宅、服装等;公共物品是可供社会成员共同享用的物品,例如社会治安、知识、环境保护、官方统计数据、防洪系统、开放式公园、免费道路、免费电视和无线电广播等。

公共品需要同时具有两个性质:一是非竞争性,二是非排斥性。非竞争性指任何人对这种商品的消费,不会减少其他人可获得的数量,不对其他人同时消费这种产品和服务构成任何实质性影响。非排斥性指无法阻止人们对于某一项产品或服务的消费,或者说,要阻止人们对于某一项产品或服务的消费所要耗费的成本非常高。

公共品的特征决定了人们不用购买,仍然可以消费。消费者的搭便车行为会导致公共品的供给出现市场失灵的现象。因此,长久以来经济学理论认为,公共品必然是相对稀缺的,并且只能由政府提供,或者至少以政府为主体辅以慈善等其他方式来提供。

但在数字经济中,市场上却广泛存在着数字公共品,比如托管网站上的开源代码、互联网上的开放数据、已经公开的算法模型等,甚至可以说数字技术的持续创新和数字经济的大厦,就是建立在广泛存在的数字公共品的基础之上的。另外,绝大多数数字公共品的供给不是政府行为，而是由自愿性的社团组织或私人企业提供的。

相对于传统的公共品，数字公共品可以无限存储、复制和分发而不会耗尽，而且成本接近于零。丰富而不稀缺是数字公域中数字资源的固有特征，这意味着治理它们的规则和规范，很可能与物理公共产品的管理方式不同，其背后的经济规律也与传统经济学所解释的不尽相同。

2020年6月，在联合国秘书长发布的"数字合作路线图"报告中，将数字公共物品定义为"开源软件、开放数据、开放人工智能模型、开放标准和开放内容，遵守隐私和其他适用法律和最佳实践，不会造成伤害，并有助于实现可持续发展目标。"

创造数字稀缺性

稀缺性是经济学第一原则，一切经济学理论皆基于该原则。在数字经济领域，不仅要创造出更多数字资产以解决稀缺性，同时还要人为地为数字资产制造出稀缺性。

有形经济的资源天然具有稀缺性，巧妇难为无米之炊。但无形经济中，芯片计算机和手机等硬件已经是几乎标准化的消费品了，绝大多数的代码也是开源的了，创造数据副本只是一条COPY命令的事情。文字、图片和视频等数字内容创作，只需要一部PC或手机就可以了，甚至AIGC已经能够生成高质量的新闻、图片和代码等内容了。

数字企业在数字市场竞争中，就必须打造自身特有的稀缺性。

著名风险投资家彼得·蒂尔在《从 0 到 1》中给出了三种打造稀缺性方式：可相互协同的软件、营销及顾客网络和供应商网络，以及尽可能地与其他资源做有机组合，以创造出排他性的市场竞争优势。

比如在集成电路领域，芯片是迄今为止人类最复杂的工程制品，生产芯片消耗的核心"资源"却是再普通不过的砂子。芯片商品的稀缺性不在于生产用的原材料，而在于复杂的工艺流程。

比如在区块链领域，前面讲过加密技术可以在产品层面创造稀缺性，但在市场和经济层面还需要更多的手段。比如，加密技术将比特币的数量固定在 2 100 万个，只是在产品层面保证了稀缺性，因为其他区块链还可以创造出无数的"山寨比特币"，创造出 N 多个 2 100 万个上限或者其他限制。因此，还需要像彼得·蒂尔所说的那样，比特币靠自己"天下第一"的市场品牌、软件生态、交易渠道和营销等手段，体现出排他性的市场竞争优势，让大家广泛接受。

以太坊创造稀缺性，则选择了另外一个套路。以太坊利用把区块链平台化、引入智能合约、开放生态和开发者建设等手段，把自己与比特币在市场上明显地区分开了，成了区块链平台领域的第一品牌，创造了自己独有的稀缺性和新价值。

还有在人工智能领域，AI 由算法、算力和数据三大件组成，近年来，行业内稀缺性的变化也非常明显。在 2012—2015 年，掌握深度学习算法的技术人才和公司是稀缺品，往往个人身价百倍，公司估值很高，可以说这一阶段的 AI 是技术驱动的。到了 2015 年之后，随着技术的不断外溢，更多的人员和企业掌握了 AI 算法，技术和人才不再是瓶颈，应用增多导致算力成了新的稀缺品，拥有强大的算力成了竞争的关键。

依靠时间和金钱，可以解决算法人才和算力资源的稀缺性，但数据不行。数据对应的是各种场景，因为隐私保护和数据安全等合规性要求，是不能任意买卖的。到了2018年前后，依靠资本和技术起家的创业型AI公司，所面临的重大挑战是高价值数据从哪里来。

AI领域稀缺性的快速变化，让拥有场景和数据的传统企业有了在AI领域赶超的机会。而现在，拥有海量数据的AI公司之间，又开始有了相互比拼工程化的能力，一种从项目驱动走向产品驱动的能力。工程化和标准化的AI产品，是AI进一步走向大规模普及应用的基础。

很明显，在数字经济中仍然需要稀缺性，但思路和方法很不同。数字市场的技术资源和代码资源等往往并不稀缺，因此，需要依靠更外部的网络效应、规模效应和数字生态建设等，在富饶的资源外，人为地创造出数字商品和服务的稀缺性。

信息不对称

经济学中的信息不对称，指在经济活动的各个参与方中，一方知道的信息比其他一方或多方参与者知道的信息多，并由此产生决策风险、生产经营风险和道德风险等。但在数字世界里，数据往往既是商品，也是信息。

数字技术对经济活动中的信息，至少产生了三个方面的影响。

一是正面的，用户能够更加便利、及时和低成本获得各种信息了，比如到各电商网站查询比对价格，到论坛、百科等查找资料等。

二是负面的，稀缺的有用信息经常被淹没在海量的干扰信息中了。

三是存在一个悖论，就是信息的商品化。

从经济理论看，一方面信息是重要经济资源，完整的信息应该可以免费获取并提供给所有人，因为完善的信息是有效市场假说的关键要求。另一方面，实际市场又往往依赖于信息作为商品，可能会在访问、成本、可用性和完整性方面受到限制，因此不能免费获得。

开源经济学

经济人理性假设是传统经济学理论体系的重要基石，有三个方面的内涵。一是人都是自私的，每个人都追求自己的利益；二是人都是理性的，对自己的行为有明确认识；三是个体独立存在，加起来形成市场合力。

现代行为心理学和事物科学等的研究，以及人类在金融市场等的实践表现，已经证明完全理性的经济人不存在。个体独立存在的假设与实际经济中的个体相互依存之间也是脱节的，在数字经济中表现得更加明显。

现实生活中的各种经济行为，必然会受到非理性的影响。人是介于完全理性与非理性之间的"有限理性"状态。如果人的偏好是固定的，那就不会有广告市场的存在。如果人是理性的，那算法就不会带来偏见，没有了信息茧房，广告市场更没必要存在了。

在数字世界，用经济人理性很难解释软件的开源行为。一个程序员或企业，投入大量的时间、金钱和精力，编写出了一段代码或某个软件包，然后免费把源代码放在开源社区上公开，供包括竞争对手在内的其他人和企业自由地下载、学习、修改和二次分发等。

开源的共创、共建和共享程序代码的行为，从经济学角度看是"无私"的和"非理性"的，但经过20余年的发展，开源却取得了巨大的成功，已经吞噬了整个软件世界。

开源经济学就是一门致力于研究和解释包括软件、内容和算法等开源背后，存在于数字公共品中的经济规律的子领域。开源作为一种生产协作新模式，大幅提升了经济学中的两个关键要素：商品的生产效率及分发效率，开源在商业上的成功是因为有以下经济层面的基本观察。

第一，软件的重要性在上升，但商业价值在下降。

第二，软件生态已经非常庞大，没有任何一家公司可以从头开发软件。

第三，开源可以重新定义供需关系，从之前的单边和单向扩展到多边和双向协作。

第四，对绝大多数企业而言，软件只是技术的关键而不是公司的产品。

第五，开源是面向整个产业的，而不是面向某家企业的，尤其是基础软件应该成为数字公共品。

事实上，开源软件已经成为一种最重要的全球性数字公共品，而开放数据、开放人工智能模型、开放标准和开放内容等数字公共品，也正在模仿和学习开源产业的成功经验。

边玩边赚

在传统产权和股权制度下，资本和资本家独享公司的收益，在那个阶段产生了像范德比尔特、洛克菲勒、卡耐基和福特等一大批大资本家。

而到了互联网时代，资本家和员工成了明显的"利益相关者"，产权和股权走向分散，不仅创始人和A、B、C多轮融资，很多公司也向职业经理人和核心员工授予期权，资本收益也从独享变成为分享方式。

现在，越来越多数字原生的企业拥有了"外围利益相关者"，这进一步模糊了企业雇员和外部参与者之间的边界。比如，腾讯和微信平台上小程序的开发者、苹果公司和App Store的应用程序开发者、网约车和他们的司机等，他们就属于企业外部的利益相关者。这些参与者从外部为公司和平台的发展做出了贡献，但公司还很难将激励措施与这些利益相关者联系起来。

为了适应这一变化趋势，Web3的产权和股权进一步走向分散，成了"Player to Earn"模式。P2E的商业模式在传统游戏中已经由来已久，其原型是《魔兽世界》《地下城与勇士》等游戏中通过售卖游戏资产赚钱，而P2E游戏将这种模式进行了升级，玩家通过玩以加密货币和NFT为基础资产的游戏，赚取数字资产在公开市场上交易或出售，打造赚取实际收益的效果。

P2E不限于游戏场景。"Player"指公司或项目的所有利益相关方，包括开发者、创造者、宣传者、消费者和投资者等。Players赚取的代币（Token），本身也是一种"期权"。甚至一些公司或项目，会追溯性地向自己社区的早期用户空投代币，作为建立善意和激励早期用户的一种方式。Web3 所有参与者和贡献者都是利益相关方，都可以通过智能合约把大家组织起来，在更大范围内实现规模化协作，共创、共享未来的价值。

传统企业理论认为，明确的企业边界是企业组织结构的基本特征。企业的经营范围确定了企业和市场的纵向界限，决定了哪些经营活动由企业自身来完成，哪些经营活动应该通过市场手段来完成。企业的横向边界确定了企业的经营规模，企业能以多大的规模进行生产经营。

但数字技术使得企业的内部和外部边界变得模糊起来，用户、社区和任何关注企业的玩家也都成了数字产品的一部分。企业的传统雇佣关系不仅变成了股权分享关系，并且由一对一的主客体关系变成多对多主体间的关系。

加密经济学

针对代币、NFT 和 Web3 等价值互联网，现在已经出现加密经济学，专门致力于加密经济中的经济运行规律的研究。

加密经济学整合了传统经济学、密码学、计算机科学和数学博弈论等，致力于数字生态系统中不同参与者（如用户、关键资源方和应用程序开发人员等）之间的个人决策和战略互动。

在加密经济中，加密技术用于证明过去已建立的经济属性，例如账户余额、身份和所有权等，使得经济价值的数字化表示成为可能，让所有人都可访问、可分配、可交换和可信赖。

加密经济学的主要目标，是为理解如何资助、设计、开发和运行分布式金融系统，以及基于智能合约的经济激励或惩罚。加密经济学为构建分布式数字市场提供理论基础，通常需要定义货币、财政、隐私、创新政策和有效治理等。

加密原生代和传统资本市场从业者，通常会认为彼此处于金融光谱的两端。加密原生人士认为资本市场上的公司坚持着过时的运营方式；而传统金融参与者则认为，加密公司行事鲁莽，快速而缺乏纪律地利用客户资金。

从中长期看，加密公司和传统资本公司只是在通往同一目的地的不同道路上，加密公司正在向监管靠拢，传统公司正在接入加密市场。加密经济学就是传统金融、加密经济和经济监管彼此靠拢的理论支撑。（见表11-1）

表11-1 传统经济与加密经济

类别	传统经济	数字经济	原生/加密经济
货币	法定货币	电子货币	数字法币，代币
场地	工厂 机器 工人	互联网 云计算	元宇宙 Web3 AIGC
组织形式	企业	企业 社区	分布式自治组织（DAO）
商品	食物 衣服 汽车	软件等数字资产	NFT/SBT 区块链空间
交易	大卖场 商业合同	电商 推荐评价系统	数字交易所 智能合约
资源	电力 石油 土地	芯片 软件 网络	算力 算法 数据

有一些观点认为，加密经济学不是经济学的子领域，它应该属于应用密码学领域，只是在系统设计和运行中，利用了经济激励机制和经济学的一些理论。另外一些观点认为，加密经济学是数字经济学的一次新演变。数字经济学是传统经济学的一次演变，是对传

统经济学的数字化转型，而加密经济学则是数字原生的经济学，是在重新审视经济学的理论和方法。（见图11-1）

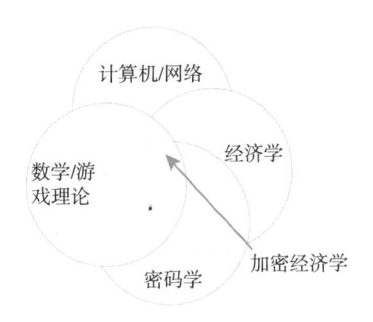

图 11-1 加密经济学

比特币、以太币、以太坊和各种公链，都是加密经济学的产物。

经济学 2.0

在200多年前，当亚当·斯密开创经济学时，世界还处在第一次工业革命时期，讨论的是机器、厂房、设备、土地等有形资产，是关于原子的经济学，也没可能拿信息商品举例来阐述经济理论。但数字经济的核心资产是知识、代码、数据、算法、算力、内容、数字代币、品牌和粉丝等无形资产，是一个以比特为中心的无重量的经济世界。

现在的经济学本质上是关于工业的，是关于物质和能量的。数字经济是关于信息的，数据和算力取代了物质和能量，成为经济运行中的新引擎和最大新变量。经济学的规律不像物理学和数学，比特世界的数字经济运行规律不可能完全遵循原子世界的经济学原理。

数字经济学是关于经济的，也是关于技术的。经济学会把数字经济学当作自己的一个分支，纳入现有的基本经济理论和框架下做改良，成为经济学的又一个"山头"。

但换到技术角度，也可以参照数字技术的命名习惯和思维方式，将数字经济学称为"下一代经济学"或者"经济学2.0"。这样命名的好处是争取摆脱现在经济学中一些陈腐的条条框框，才可能回到经济学开始时的原点，重新思考和再次探路。回溯得越远，回溯得越深，找到数字经济基本规律的可能性才越大。

当然，关于比特世界中无形资产的经济理论，已形成一些研究成果。比如，数字经济是关于零边际成本无形资产的，是以数据为核心生产资料的，是以平台作为生产车间或大卖场的，具有网络效应和赢家通吃现象等。

发展数字经济所需要的是一套相对完整的经济学理论做指导，而不是散落在传统经济学中的星星点点。现在，面向数字经济的经济学零部件，不仅数量匮乏和质量不高，而且也看不到能够组装成一个协调和连贯的基准性框架的可能性。

数字经济与传统经济存在明显的不同，尤其是个人选择中的相互依赖性、高固定成本、规模效应递增、普遍承载的溢出效应和外部性，以及广泛承载的数字公共品等。

经济学家黛安·科伊尔（Diane Coyle）在《齿轮与怪物》中指出，主流经济学仍然假设人们是"齿轮"——自利的、精打细算的、特定环境中的独立个体，但数字经济更像是"怪物"——不受约束、滚雪球一般发展壮大，并且提出了经济学在21世纪数字时代的新议程，如下表。

表 11-2　20 世纪与 21 世纪经济学对比

20 世纪经济学	21 世纪经济学
线性	非线性
静态	动态
收益恒定或递减	收益递增
外部性是例外	外部性是常态
分配平均	分配不平均
偏好相对规定	偏好的流动性
个体 –> 向市场倾斜	社会 –> 向制度倾斜

如果说 1929 年的大萧条削弱的是人们对宏观经济学的信心（保持充分就业、价格稳定和持续增长的能力），那么 2008 年的金融危机是对微观经济学的信心（市场和公司有效分配劳动和资本的能力）破坏。而近年来，数字技术和数字经济的蓬勃发展，更是让整个经济学大厦亟须大修了。

重塑经济理论，二三十年后诺贝尔经济学奖的获得者，必将从数字经济的研究者中走出一大批。

小　结

- 从 21 世纪初进入数字时代，全球企业对品牌、设计、软件、专利、技术和数据等无形资产的投入，远超了机器、硬件、厂房和其他固定资产的投入。
- 数字移民主导传统经济的数字化转型，数字原生代主导数字原生经济的未来。

- 数字治理和数字经济的原生性思想和理论，还处于散发的初级阶段。
- 自人类进入工业时代以来，每当出现重大社会危机，经济学家和社会学家往往都会把锅直接甩给科技。
- 数字经济与传统经济的一个重要差异是，在数字市场上广泛存在着数字公共产品，而在传统经济的市场上公共产品总是相对稀缺的。
- 不仅要解决数字资产的稀缺性，同时还要为数字资产创造出稀缺性。
- 开源作为一种生产协作新模式，大幅提升了经济学中的两个关键要素：商品的生产效率及分发效率。
- 数字技术使得企业的内部和外部边界变得模糊起来，用户、社区和任何关注企业的玩家也成了数字产品的一部分。
- 加密技术用于证明过去已建立的数字经济属性。
- 现在的经济学本质上是关于工业的，是关于物质和能量的。数字经济是关于信息的，数据和算力取代了物质和能量。
- 数字经济与传统经济存在明显不同，尤其是个人选择中的相互依赖性、高固定成本、规模效应递增、普遍承载的溢出效应和外部性，以及广泛承载的数字公共品等。

* * *

经济具有很强的周期性，影响经济周期性的关键因素之一就是技术。事实上，数字技术也存在着明显的周期性。

第十二章
Chapter 12

技术周期性

我们常常高估了技术的短期影响,但又低估了它的长期影响。
——比尔·盖茨(Bill Gates)

技术的进步不是在解决问题,而是在创造新的问题。
——阿兰·凯(Alain Kay)

创新区分了领导者和跟随者。
——斯蒂夫·乔布斯(Steve Jobs)

影响技术周期性的因素很多，比如，技术自身的特点（如成熟度、市场需求、成本、可行性等）、经济环境（如投资、需求、市场规模、资源供应等）、政治和法律环境（如政府政策、知识产权保护等）、社会文化环境（如消费者需求、社交媒体等）和自然环境（如可再生能源、气候变化等）。

关于技术周期性的研究或论述已经有不少，比如戈登·摩尔（Gordon Moor）提出的摩尔定律、Gartner 的技术曲线图、瓦尔德曼提出的 S 型曲线、克莱顿·克里斯滕森（Clayton Christensen）提出的破坏性创新理论等，各有侧重。

20 世纪初，俄罗斯经济学家尼古拉·康德拉季耶夫（Nikolai D. Kondratiev）提出了长波理论（即康波周期），认为技术和经济的发展会呈现 60 年左右的长周期波动。并且在每一次康波周期内，会包含多个短些的技术周期。通常情况下，一个康波周期会包括大致两个次级周期（比如持续 25—30 年的人口周期）、8 个次次周期（比如持续 7—10 年的投资周期）和 16 个短周期（比如持续 3—5 年的库存周期），这些长短不一的技术周期相互嵌套，形成了一个更长的康波周期。

短周期（3—5 年）

短周期被称为"基钦周期"或"存货周期"，是由英国经济学家约瑟夫·基钦（Joseph Kitchin）在 1923 年提出的，它与制造业（如汽车、建筑材料）等行业强相关。1925 年，也有专家观察到，牲畜市场供应和价格周期性波动的现象。对我国 CPI 指数影响很大的"猪周期"，也属于这类短周期。

支撑数字产业的制造业大致有三大类：硬件、软件和数据。数据的资产化才刚刚开始，因此，讨论数据产品的各类周期性都为时尚早。软件是企业研发生产的智力产品，具有一次性研发高投入，后续副本的生产和保存几乎零成本的特点，并不存在传统意义上"软件库存"的概念。

硬件是电子工业制品。从半个多世纪集成电路的发展历程看，芯片业符合基钦周期的规律，即大致每 4—5 年，就会经历一次"缺芯—扩产—产能过剩—削减产能"的周期。当市场上缺芯时，单单建一条晶圆生产线，就需要耗费至少两年时间。2020 年，芯片行业本应仍然处于下行周期，但新冠疫情等导致全球开启在线办公模式和出现供应链危机，下行时间点被延后到了 2022 年下半年，芯片价格变成白菜价了。

个人计算机、智能手机和汽车业是芯片应用的大户。20 世纪 80 年代，IBM 开放了 PC 架构，确立了英特尔微处理器和微软操作系统的核心地位后，从此制造 PC 演变成了组装 PC（这很像后来的开源模式，从此编写代码演变成了组装代码）。PC 生产的技术门槛大幅降低，导致行业竞争的焦点转向了销售渠道。戴尔计算机曾经稳坐"全球 PC 老大"宝座多年，核心竞争力就是把大脑的库存周期从 20 多天降到了只有 4 天。在微软用 MS-DOS 和 Windows 操作系统统一了 PC 的系统平台后，PC 应用软件开始腾飞。

到了移动互联网时代，一些智能手机厂家结合 PC 和电商的模式进一步优化了库存管理方式，比如，用户通过网络下单，公司在从网络获得市场需求后，再通过供应链采购手机屏幕、芯片和摄像头等零部件快速生产。另外，一辆传统汽车的芯片用量大约是 500—600 颗，智能网联汽车的芯片用量都在 5 000 颗以上，汽车越来越像一台会行走的计算机了，受芯片业周期性的影响也越来越明显。

次周期（7—10 年）

次周期被称"朱格拉周期"或"投资周期"，是由法国经济学家克里门特·朱格拉（Clèment Juglar）提出的，是以设备更替和资本投资为主要驱动因素的理论。

数字技术的研发和模式创新，风险投资等各类投资居功至伟。纵观互联网 50 多年的发展历史，朱格拉周期表现得非常明显，并且将变化节奏加快到了 7 年左右，我将这一现象称为互联网技术的"七年之痒"。

第一个阶段（1962—1969 年）是互联网的"思想启蒙"阶段。这一阶段提出了包交换等互联网基础理论，并且开始对新理论做了实验室性质的原型验证。

第二阶段（1969—1983 年）是互联网的"春秋"阶段。以阿帕网和各种流派的局域网技术为代表，这时的互联网虽然仍然在实验室里，但开始偏重工程实现和实验，转向解决各类现实问题。这时，各种技术实践百花齐放。

第三阶段（1984—1991 年）是互联网的"战国"阶段。以太网和 TCP/IP 技术发展成熟形成了技术族，其他网络技术节节败退。网络技术走向收敛，为网络之上应用的即将爆发奠定了技术基础。

第四阶段（1993—2000 年）是互联网商用化和 WWW 技术带来了第一波红利，核心驱动力转向了资本。WWW 应用的出现，将海量的信息通过图形用户界面和互联网，带到了普通大众面前。资产和商业的力量取代技术和工程力量，开始主导互联网的发展。

第五阶段（2001—2008 年）是固定宽带带来了互联网的第二波红利，同时互联网安全、管理、扩展性等问题日益突出。网络泡沫的破灭使业界创新了商业模式，政府开始介入互联网的治理。

第六阶段（2008—2015 年）是互联网的移动时代。始于 2008 年的金融危机，以 3G、Wi-Fi、智能终端和 App Store 为代表的移动互联网大爆发，上百个国家提出了国家级的宽带战略。

第七阶段（2015—2022 年）是产业互联网的时代。随着移动互联网发展高潮的结束，消费互联网市场红利消失，互联网开始线上线下相结合，探索与实体经济的融合，行业性和企业级的互联网应用兴起。

第八阶段（2022—2029 年）是互联网已经发展 50 多年之后，应该要进入新一个康波周期了，将会是元宇宙、Web3 和 AIGC 主导的时代。

中周期（25—30 年）

中周期又称为"库兹涅茨周期"，是美国经济学家西蒙·史密斯·库兹涅茨（Simon Smith Kuznets）提出的，与人口、建筑业和房地产强相关。全球自 1994 年互联网商用到 2018 年，互联网原生代已经长大成人，成为程序员、产品经理或"甲方爸爸"了，开始有话语权了，成了社会发展的中坚力量了。

50 多年来人口结构的两个巨大变化，体现在互联网已经出现了两次明显的库兹涅茨周期：一是更换了发展的核心引擎，二是主要矛盾发生了转移。

首先是更换了发展的核心引擎。

第一阶段是 1969—1993 年，互联网的核心引擎是技术和工程。这个时期的"互联网之父"，通常是某个重大技术的发明者，比如 TCP/IP 的或 WWW 的等。

第二阶段是 1994—2018 年，互联网的核心引擎换成了商业和资本的力量。这一时期的"互联网爸爸"，换成了华尔街的分析师或互联网巨头的创始人了。

第三阶段大约从 2018 年开始，互联网的核心引擎社会化了。这时的互联网行业已经长大，从之前几乎只关注资本、商业和市场，也开始关注环境、社会和治理（ESG）了，越来越像传统行业和传统企业了。估计这一阶段的"互联网巨佬"应该会是从事社会工作的思想家和理论家，比如，数字原生的教育理论家、管理专家或经济学家等。

其次是发展中的主要矛盾也更迭了。

第一阶段是在 1969—1993 年，主要矛盾是网络技术路线之争，是强大的传统电信巨头和弱小的新兴计算机行业之间的。

第二阶段是在 1994—2018 年，主要矛盾是电信运营商的承载网络，与其网络所承载的互联网网站/应用之间的，比如网络覆盖、服务质量和网络中立等。

第三阶段大约自 2018 年开始，主要矛盾是互联网巨头的平台，与其平台与上运行的 App、商家、自媒体和 UP 主等之间的。（见表 12-1）

表 12-1　互联网的发展阶段

年代	主导力量	主要矛盾
1969—1993	技术与工程	技术路线
1994—2018	资本和商业	承载网与互联网应用
2018—	环境、社会和治理（ESG）	平台与其上的生态

康波周期（50—60 年）

康波周期是长波周期，是一种与资源商品周期和金融市场周期相关的经济理论。根据这一理论的时间长度，历史上已经经历了四个康波周期，可以大致对应四次工业革命。

第一次康波周期（1785—1844 年），开始于英国的工业革命时期，以纺织、煤炭、铁路等行业为主导，持续了大约 60 年。

第二次康波周期（1845—1896 年），以蒸汽机、化学、钢铁、铁路和煤气为代表的工业革命，持续了大约 51 年。

第三次康波周期（1897—1948 年），以电力、汽车、化学和航空工业为代表，持续了大约 51 年。

第四次康波周期（1949—2008 年），始于第二次世界大战后的重建时期，以信息技术、生物技术、新能源、新材料等为代表的技术革命为主导，持续了大约 59 年。

第五个技术和经济周期开始于 2008 年，将持续到 2060 年左右。第五次康波周期的主导性技术有可能会是算力、大数据和人工智能。

康波周期是关于资源商品和金融市场的，波有多长，浪就有多高。技术创新和技术应用的大规模爆发或大规模结束，都会带来重大的经济变革。

从金融看，今天的互联网是连接 2D 信息的，未来的互联网需要连接 3D 信息，传递数字价值和 AI 生成的内容等。这会是一个数字原生的世界，其产品服务、价值体系、商业模式、金融业态和运行规则等，是一个既能与传统世界平行又能够互通的世界。

从资源看，数字行业依赖的核心资源是算力。自集成电路诞生开始，过去 50 多年来，业界供给算力的能力和算力成本的下降速度都是指数级的，即符合所谓的摩尔定律的节奏。但在宇宙演进和人类发展史上，虽然指数级增长现象也曾多次出现，比如，生命的形成、科技的突破和经济的局部增长等领域，但从来都不可能大规模维持太久。

算力取之不尽、用之不竭的供给现象，现在正面临着物理、功耗和经济等三大挑战。从物理角度来看，杂质涨落和量子隧穿等物

理障碍已经成为集成电路发展的阻力。从能耗看，散热问题已经是功耗上升后所要面临的一大难题。从成本看，在20纳米以前的技术节点，加工成本都有一定的下降，但20纳米后成本曲线已经由降转升了。

摩尔定律不是物理学规律，只是描述了受经济因素制约的现象和规律，不可能是永恒的。有数据显示，经质量和通货膨胀调整后，计算机及外设价格在1959—2009年平均每年下降16%，1995—1999年平均每年下降23%，2010—2013年则放缓到了平均每年下降2%。

50多年来，计算机和互联网等数字领域独特的行业文化，技术业务的创新、发展和繁荣，大量浪费算力的"奢靡"之风等都是建立在对摩尔定律带来的"增长信仰"上，建立在算力资源能够指数级提升，而成本则会指数级下降的基本假设上。

原始算力资源供给的这种"气候级"变化，必将改变整个数字行业的技术创新、商业模式、生态组织和文化信仰等。过去，业界的核心问题是如何生产制造出更多的算力资源，浪费点不重要。接下来，业界的核心问题将转变成如何高效地组织和利用好算力资源，让"节算"变得更加重要。

但数字业界似乎还沉浸在过去辉煌的"算力惯性"中，对于算力不再丰沛的后摩尔定律时代，还没有做好思想和技术准备。

炒作周期

新技术从原型走向产品，从实验室走向产业化，从内部到破圈，都需要市场营销和对概念的炒作，尤其有了互联网和新媒体以后，甚至发展出了一种"PPT 文化"。

技术炒作曲线

描述技术成熟度、采用和社会化应用炒作周期，最著名要属 1995 年 Gartner 公司提出的技术曲线图了。一个新技术的发展历程大致可以分为技术诞生的触发期，期望膨胀期、幻灭期、爬升期，到最后的成熟期。事实上，这不仅是预测技术的宝典，也是人类心理在技术领域的具象，是一道心理学的应用题。（见图 12-1）

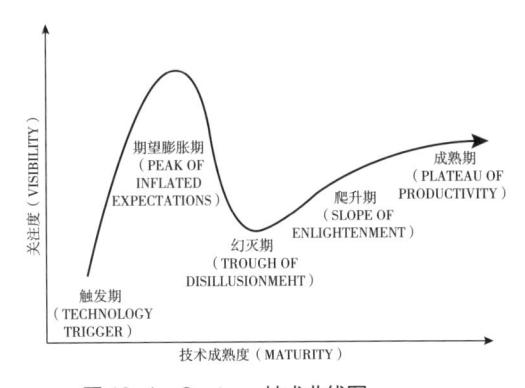

图 12-1 Gartner 技术曲线图

第一阶段是技术诞生的触发期（Technology Trigger）。媒体任性渲染技术产品的知名度，出现非理性繁荣，美丽的故事支撑着一切，如 1994—1998 年的互联网，2021—2023 年的元宇宙、Web3 和 AIGC。

第二阶段是期望膨胀期（Peak of Inflated Expectations）。公众和资本的过分关注渲染出了一系列成功的故事，乐观和贪婪情绪占据了一切，对新技术的缺点、问题、限制和失败案例视而不见。"市梦率"成为否定旧秩序、掩盖现实的主要证据。如1998—2000年的.com，2022年的NFT。

第三阶段是幻灭期（Trough of Disillusionment）。随着失败案例越来越多，突然间人们从贪婪走向恐惧，质疑声四起，投资大量撤离，如2002—2005年的互联网，2015年的物联网，2019年的VR等。

第四阶段是爬升期（Slope of Enlightenment）。一地鸡毛后，技术却在悄然间发展成熟了，慢慢被市场接受了，尤其是在边缘市场成为主流，如Google的上市、2015年的云计算、2020年的AI和大数据。

第五阶段是成熟期（Plateau of Productivity），新技术被市场完全接受，成为主流技术，稳定上升。新技术不断发展成熟，成为老技术，等待着被"后浪"拍死在技术的沙滩上。

曲线的应用

这一曲线图预测技术的时间跨度，基本是在2—10年内。2年内不用预测，10年以上不能预测，因此平均大致是7年。对于Gartner公司而言，最难的不是画一条光秃秃"长河"，而是需要标记上是哪些技术标在什么地方，用三角形还是圆形标记。

即使第一次观察Gartner的技术曲线图，也会有似曾相识的感觉。如果把曲线图上的各种技术，换成各种股票代码，也会走类似的曲线。贪婪和恐惧是人最基本、最原始的心理之一。技术曲线明显有巨大波动，大起是贪婪的结果，大落是恐惧的结果。

这一曲线图不仅对市场和企业适用，对个人也完全适用。在校生或刚毕业的，没有原始资本，在技术市场上只能做"左侧交易"，深入研究曲线图上左侧正在爬坡的技术，力争做好"技术期货"，等待属于自己的技术机遇。右侧交易是已在市场上流行的技术了，属于踏踏实实找工作时需要的一门技能，属于老员工也需要学习的新技术了。

S 型曲线

Gartner 技术曲线图，不是一个技术真正的成长曲线，只是对媒体炒作新技术的一个过程性描述。一项新技术只有一条命，在曲线上只能走一次，但企业和产业需要可持续发展，需要源源不断的新技术的支撑，这就有了"S 型曲线"理论。（见图 12-2）

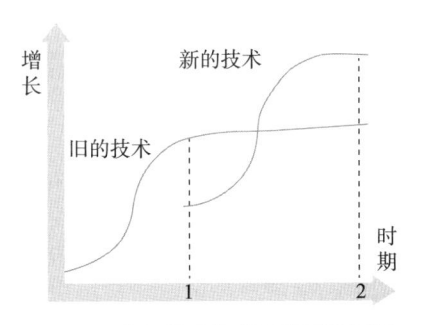

图 12-2 新旧技术的"S 型曲线"图示

S 型曲线理论指，每一种技术的增长都是一条独立的 S 型曲线。一个技术在导入期的进步会比较缓慢，一旦进入成长期就会呈现指数型增长，但是技术进入成熟期就会走向曲线顶端，会出现增长率放缓、动力缺乏的问题。而在这个时候，就会有新的技术在下方蓬勃发展，形成新的"S型曲线"。

但S理论曲线割裂了新旧两个S之间的技术关联性。从企业角度看，两条S型曲线在技术上必然会共享人才和客户等很多资源。如果新技术与旧技术之间没有技术上的关联性，没有老技术的积累，那新技术的S型曲线增长，只可能发生在其他企业，成了别人家的S型增长。

从社会角度看，前一个S会成为新型基础设施和母体，后一个S很可能会基于前一个S的基础设施，从中汲取能量和养分，重新成长为新一代技术。

监管周期

自1994年互联网开始商用，中美政策的基本态度是"放养"，欧盟等是"放羊"。但到了2018年前后，三家不约而同地开始"收网"，转向了强调安全、隐私、治理和监管。这是因为20多年过去了，互联网已经从幼儿长大成人，互联网原生代也开始改变世界了，对互联网的长期"溺爱"已经带来了诸多新挑战。

年龄不同，能力不同，责任担当也应不同。政策取向的改变，正是为了顺应互联网已经改变了世界的事实，为了数字经济的可持续健康发展等，为了让互联网以更好地发挥为实体经济和社会服务的作用。

在过去半个多世纪的发展历程中，美国信息通信业经历过几次重大监管事件，尤其是反垄断。不破不立，所有反垄断，都是为了通过政策手段，抑制巨头的发展，重新释放出创新的活力和机会，推动技术和产业的新一轮发展，甚至催生出新的产业。

互联网是计算机、软件和通信等融合的产物。如果没有20世纪70年代对IBM的计算机反垄断案、80年代对AT&T的电信反垄断案、2000年前后对微软的桌面软件反垄断案，就不会有今天的互联网了。

史上耗时最长的反垄断案

美国的反垄断法主要由三部法律组成，分别是1890年颁布的《谢尔曼反托拉斯法》、1914年颁布的《联邦贸易委员会法》和《克莱顿法》。其中，最为主要的是《谢尔曼反托拉斯法》。

在美国反垄断法颁布的这100多年的时间里，鲜有政府方面获得全胜的案例，更多的都是漫长的诉讼历程。其中，耗时最长的就是1969—1982年的IBM反垄断案。

1969年1月17日，美国司法部向纽约南区美国地方法院提起了针对IBM的诉讼，称IBM违反《谢尔曼反托拉斯法》第2条的规定，垄断或企图垄断电子计算机，尤其是商用计算机市场。

在"计算机就是IBM"的年代，蓝色巨人IBM的市场占有率高达70%，其他几次大点的计算机公司被戏称为"七个小矮人"。那时，软件和编程还微不足道，只是个帮助计算机正常运转的边缘性工具。因此，IBM采用的是"买硬件送软件"的市场策略。

天下没有免费的午餐，没了买卖就有了伤害，免费策略使得软件难以成为商品。在被司法部起诉5个月后，IBM宣布解除计算机硬件与软件的绑定策略，分别计价和销售。IBM 的这一重大转变，直接催生了独立第三方软件市场。

再后来，迫于反垄断等各种压力，IBM 又改变了传统计算机系统封闭生态的做法，开放了个人计算机的技术标准，允许个人和其他企业也制造 IBM/PC 兼容机，PC 时代开始。

可以说，在计算机的 IBM 时代，针对 IBM 持续 10 多年的反垄断，让软件独立成新兴产业有了土壤，让计算机行业逐步走向了开放合作，让 PC 走向了千家万户，崛起了英特尔、Apple 和微软等为代表的一大批计算机厂家，为后来互联网的发展埋下了伏笔。

可以说，IBM 反垄断案是史上耗时最长的，还有一个史上最成功的经典反垄断案，就是对电信巨头 AT&T 的反垄断案。这个案例除了与美孚石油公司一起，成为美国历史上被反垄断法拆分的"唯二"公司外，还成功释放出了今日的互联网产业。

史上最成功的反垄断案

AT&T，即美国电话电报公司，在贝尔电话技术专利权的保护下，从 1885 年创立到 1913 年，AT&T 一直保持竞争优势，经过几轮厮杀，最终形成了市场垄断的格局。为了打破这一局面，美国政府在 1913 年、1949 年、1974 年，多次对 AT&T 进行了反垄断诉讼，但收效甚微。直到 1984 年，美国司法部依据反垄断法，将 AT&T 分拆成一个专营长途电话业务的新 AT&T 公司和七个本地电话公司，后来 AT&T 又被多次拆分。

美国政府长达半个世纪以来对 AT&T 的持续反垄断诉讼，打破了电信业封闭发展的传统，使得美国和全球的电信市场进入了全面自由竞争时代，并且为后来互联网的商业化发展铺平了道路。

全球互联网主要运行在电信运营商的通信网络上，同时一些互联网应用与传统邮电业务存在明显的竞争关系，比如，email 与邮政信件、网络语音与传统电话、即时通信与移动短信等。试想，如果没有对通信运营商的政策性限制，没有不断"提速降费"的开放性基础网络，互联网如何起步？如何壮大？

当然，在今天看来，AT&T 反垄断案也直接导致了信息通信业创新源头——贝尔实验室走向了衰落，因为贝尔实验室的主要经费来源是 AT&T 公司电话费的附加收费。贝尔实验室曾走出过 15 位诺贝尔奖获得者，诞生了 3 万多件专利，包括晶体管、激光器、太阳能电池、发光二极管、数字交换机、通信卫星、电子数字计算机、C 语言和 UNIX 操作系统等。恐怕把今天全球所有互联网巨头的科技贡献加起来，也赶不上贝尔实验室一家对人类的贡献。

史上金额最大的反垄断案

时间来到了 21 世纪初，互联网开始商用后的时代。出现了一个史上金额最大的反垄断案，再次改写了互联网的发展历史。

PC 和智能手机，分别是互联网最重要的固定终端和移动终端。但 PC 源于民间的创新，互联网却源于政府的资助，二者平行发展了多年，直到 20 世纪 90 年代末才彼此靠拢。

当时，网民几乎只有 PC 终端可以用来上网，而超过 90% 的 PC 安装的是微软的 Windows 操作系统。网民上网冲浪可能用网景的

Netscape、微软的 IE 或其他公司的浏览器，但都会运行在微软的操作系统上，因此当时有"Internet in Windows"的说法。更严重的是，微软在 Windows95 中，将操作系统与 IE 浏览器捆绑销售，这让其他浏览器基本没了活路，互联网的入口被微软公司全面揽入怀中。

于是，反垄断再次出手了。1998 年 10 月 19 日，华盛顿地区法院开庭审理，微软公司违反联邦反垄断法一案，这是美国有史以来金额最大的反垄断官司。这场官司耗时四年多，微软一度面临像上一期课程中分享的 AT&T 被拆分那样的后果。最终，联邦上诉法庭与微软达成和解——微软付出共约 18 亿美元的和解费用，同时 IE 浏览器和 Windows 的绑定限制被彻底解除。

微软虽然避免了被拆分的命运，但是反垄断对微软公司和全球互联网市场，都产生了深远的影响。PC 互联网的主流入口浏览器，在政策的保护下，挣脱了微软桌面系统的束缚，谷歌、亚马逊、FaceBook（现在的 Meta 公司）等互联网巨头也随之崛起，微软在互联网时代掉队了。

到了移动互联网时代，以苹果的 iOS 和 Google 的 Android 操作系统为核心，智能手机市场形成了双寡头垄断的局面，微软更加掉队了。当苹果公司的智能手机和应用商店在市场上大获成功，似乎正在走向微软的垄断模式时，谷歌的开源 Android 及时出现，阻止了这一趋势。当然最近 10 多年，微软及时改变战略，采用了移动优先和云优先战略再次崛起，甚至依靠对 ChatGPT 的强力支持，要在 AI 时代重新领跑了。

小　结

- IBM 的开放 PC 架构，从此制造 PC 演变成了组装 PC。软件的开源模式从编写代码演变成了组装代码。

- 互联网发展的第一阶段（1969—1993 年），核心引擎是技术和工程，主要矛盾是技术路线之争。第二阶段（1994—2018 年），核心引擎是资本和商业，主要矛盾在运营商的承载网络和互联网公司的网站之间。第三阶段（从 2018 年开始），核心引擎是 ESG 驱动，主要矛盾是在平台和平台上的应用之间。

- 第五个康波周期始于 2008 年，将持续到 2060 年左右，主导性技术可能会是大数据和人工智能等。

- 数字行业特立独行的文化，浪费资源的"奢靡"之风，都建立在对资源会指数级增长的信仰上。

- 过去，核心问题是如何生产制造出更多的算力资源。接下来，核心问题是如何高效地组织和利用好算力资源。

- 各种技术曲线都存在大起大落的波动，"大起"是人类对技术贪婪的结果，"大落"是对技术恐惧的产物。

- 早期，中国和美国对互联网的基本态度是"放养"，欧盟是"放羊"。但到了 2018 年前后，三家不约而同地开始"收网"，加强了隐私保护和反垄断等监管。

- 互联网公司本质上都已经是数据公司了，他们在自己数据的基础上建立了新垄断，让互联网的应用层进入了封闭状态。
- 数据正在从互联网和软件等领域独立出来，成为新的价值中心，成为一个新产业。

* * *

万物皆周期，技术也有幼年、青年、成年和老年期。成年后的技术，大多会活成自己曾经讨厌的样子。今天的互联网，已经活成了它曾经反对的模样。

后 记

30多年前，我进入一所大学里刚刚从电子系分离出来的计算机系。迄今我还清楚地记得，那个夏天，我的一位高中老师非常同情地说："这个专业将来工作不好分配啊！"情况确实如此，"价格闯关"受挫带来了通货膨胀和抢购潮，也拖累了经济增长，导致本来就为数不多的对计算机有购买能力和需求的大型企业和机构纷纷压缩，甚至取消了对有些奢侈的计算机设备的采购计划和用人需求。

那时，市场需求主要是对计算机的采购、运行和维护，硬件专业比软件专业更吃香，软件还是计算机的辅助性工作。计算机专业的学生需要学习的课程包括计算机体系结构、逻辑电路、数字电路、操作系统、数据结构和编程语言等，而数据库、网络和图形用户界面等多还只是选修课，安全技术更是无从谈起。

根据经济学的市场供需原理，当市场对某个专业领域的人才需求明显增加时，不仅市场上的现有人才会转行和涌入，大学也会增加招生人数，从而走向再平衡，时间跨度一般就是一个朱格拉周期（7—10年）。但过去三十多年，大计算机类的专业是个例外：即使在疫情期间，计算机专业毕业生的工作并不难找。全美计算机类专业招生人数，从1990年的5万人上升到了2020年的近14万人，已经与全美所有文科的招生数量相当了。而2021—2022学年，在美中国留学生中首选计算机科学专业的占比达23.1%。

我们已经进入了数字时代，意味着计算机类专业毕业的供需关系不是由经济发展中相对较短的朱格拉周期决定的，而是由更长的康波周期决定的。宏观上的数字行业长寿，但微观上的数字技术短命。一项数字技术的流行时间经常存在"七年之痒"的现象，七年左右达到高峰，十年之后就进入被下一代技术替代的新周期了。

也就是说，在一个人的职业生涯中，会发生2—3次技术更替，后浪学习新技术，而前浪掌握着老技术，但掌握老技术的人会管理着熟悉新技术的人。这也可以用来解释行业中存在的"35岁现象"，一个人大学毕业前后掌握了新技术，工作10多年后虽然已经成为精通这项技术的专家了，但技术市场也已经在更新换代了，前浪也已涌到沙滩上了。

今日的后浪，也终将会成为明日的前浪。解决之道，唯有持续学习，增加自己知识的深度和广度，积累出后浪根本无法比拟的竞争力。比如，这些年来我越来越相信，技术的发展规律是在技术之外。对技术趋势的预见，一方面可以运用历史学、社会学、哲学和心理学等知识来判断其大方向性，是否确实走在满足人类刚需的正确道路上；另一方面，也要运用相关的技术历史和技术实现的行业经验和困难等来判断，是否在一个朱格拉周期内可以实现，并且经济上有规模推广的可能性。而很多技术故事的失败，就是因为理想很丰满，但技术很骨干。

方向比努力更重要，但首先要努力去寻找正确的方向，否则只是在碰运气。近些年来我一直在努力的，就是寻找技术背后的规律，以降低方向性失败的概率。

自2008年金融危机以来，这个世界的不确定性就变得越来越大了。一些人认为，这是数字技术革命浪潮即将结束的产物。在过去的10多年里，为整个行业源源不断提供廉价数字资源的摩尔定律，也确实变得越来越慢了。

资源供给变慢的一个直接影响，就是将算力供给微型化、廉价化和更节能的新技术发展明显变慢，比如物联网、可穿戴设备和VR等。而管理算力资源和只是简单消耗了更多算力资源的新技术的发展，则要快很多，比如云计算、大数据、AIGC、区块链、隐私计算和智能汽车等。而数字技术的重大创新，也正在从基础性领域走向应用性领域。

在这个充满变化和不确定性的时代里，唯一可以确定的，就是全社会都在走向数字化，通过数字化转型实现数字经济与实体经济的深度融合，迈入数字原生的新阶段。

在2018年之前，业界焦虑的是互联网改变了工作、学习和生活方式，让很多传统行业再也无法继续呆在自己的舒适区了，羡慕嫉妒恨的想法多于实际的行动，于是全球不约而同地转变了对互联网的态度，从"放养"转向了"治理"，加强了对个人信息保护和反垄断的力度。

互联网已经改变了世界，接下来就需要这个世界驯服互联网了，

因为毕竟互联网也只是这个世界的一个零部件而已。但互联网也只是数字化时代的一只先遣队，互联网思维也只是数字化转型的一种模式。

我们所生活的世界，传统上可以被分为物质世界和精神世界。但现在多了个数字世界，它是关于人的也是关于自然界的，是物质的也是精神的。现在的数字世界还处于原始社会，刚刚隆起了一些数字平台的"孤岛"，彼此割据一方，人、自然和数字世界的"三体"还不稳定。技术是我们的孩子，是技术更像人类了，还是人类被技术日益格式化了？

本书对数字化转型和数字原生的各种探讨和观点，就是出于这样的目的，希望能够进一步梳理前进道路上的沟沟坎坎。对未来的展望会受到当前环境的深刻影响，超越当前环境的假设是困难的。本书所涉及的诸多内容还在快速发展变化中，今天我不一定会赞同昨天的我，当你阅读这本书时，一些观点可能早已不是我的最新看法了。

本书是我最新的所思所想，一些观点缺乏深入系统的讨论，一家之言也难免偏颇。虽然我已经在努力了，个别观点和资料也得到了 ChatGPT 的帮助，但书中的知识性错误和观点性错误还是在所难免。

任何可信的预言都是错的，任何正确的预言都没人相信。希望不是奉献给大家某些知识点、某些个人观点，而是让大家得到一些启发，这就足以。